内蒙古财经大学学术文库
第一辑

# 边缘地区主导产业成长机制
## ——动因、路径与模式

Growth Mechanism of Leading Industry
in Periphery Regions
—the motive, the way and the model

宋继承/主编

**图书在版编目（CIP）数据**

边缘地区主导产业成长机制——动因、路径与模式/宋继承主编．—北京：经济管理出版社，2015.12

ISBN 978 - 7 - 5096 - 4172 - 9

Ⅰ.①边…　Ⅱ.①宋…　Ⅲ.①区域经济—主导产业—产业发展—研究—中国　Ⅳ.①F127

中国版本图书馆 CIP 数据核字(2015)第 312226 号

组稿编辑：王光艳
责任编辑：许　兵　赵晓静
责任印制：司东翔
责任校对：王　淼

出版发行：经济管理出版社
（北京市海淀区北蜂窝 8 号中雅大厦 A 座 11 层　100038）
网　　址：www. E - mp. com. cn
电　　话：（010）51915602
印　　刷：北京九州迅驰传媒文化有限公司
经　　销：新华书店
开　　本：720mm × 1000mm/16
印　　张：9. 25
字　　数：185 千字
版　　次：2017 年 1 月第 1 版　　2017 年 1 月第 1 次印刷
书　　号：ISBN 978 - 7 - 5096 - 4172 - 9
定　　价：48. 00 元

# 前　言

在区域经济一体化进程中，不能回避区域差距问题，边缘地区如何依托更大层面的区域经济发展成果，建立与周边地区协调发展、适合本地区的经济发展路径就显得非常重要。研究表明，区域主导产业是区域产业系统中具有较强前瞻性、带动性、关联性的产业，是区域产业结构调整与优化的核心。培育和形成各具特色的区域经济是我国区域政策和产业政策的重要内容。边缘地区地方政府如何在经济边缘化的现实下，选择具有区域经济比较优势的主导产业，构建合理的产业结构，谋求自身在区际专业分工中的重要地位，积极缩小地区差异，改变城乡差距，同时避免区域间产业结构雷同、低水平重复建设，是在边缘地区经济发展理论探索中必须重视和深入研究的问题。

20 世纪 80 年代中后期，我国东南沿海以中小企业集聚、以产业集群组织模式出现的新经济现象已成为我国内地政府产业结构调整、产业布局、产业规划参照的典范。20 世纪 90 年代末，东南沿海产业集群的空前发展壮大，江浙区域中一些具有边缘特征的地区出现了独具优势的主导产业雏形，诸如温州鹿城区的打火机产业集群、绍兴的纺织印染产业集群，这为边缘地区主导产业研究提供了丰富的素材。在经济边缘化背景下，以中小企业为主的产业集群集聚竞合优势形成地区主导产业的路径最为引人注目。在经济边缘化影响下，与国家层面或大区域主导产业选择不同，边缘地区的主导产业选择要对主导产业实施主体——微观层面的企业组织给予更多的关注，要更加重视企业家的创新精神，重视企业优势向本地区部门优势的转变，重视产业集聚效应，重视区域竞争优势，使边缘地区的主导产业能够发展起来，进而形成地区支柱产业，带动边缘地区经济快速发展。

边缘地区最主要的经济特点是经济边缘化，主要表现为边缘地区经济基础薄弱、空间演化过程缓慢、区域经济技术基础薄弱、城镇体系发育不良、城市竞争力较弱；国内生产总值（GDP）等主要社会经济指标发展缓慢，其在行政区域内和全国比重持续下降，经济发展水平与主流地区的差距拉大；居民生活与地方社会经济运转方式、地方社会心理明显滞后于同期发达地区。边缘化产生的原因主要有：不利的区位条件和较高的交易成本、落后的历史基础和路径依赖机制、市场机制的作用以及非均衡发展战略的影响。

边缘地区主导产业是在地理位置偏远于中心城市以及经济地带，经济发展相对封闭、独立的行政区划内，在本地区产业系统中增长率较快、产业关联性较强、发展前景较好、对地区经济发展贡献较大的产业或产业群。边缘地区主导产业形成的约束条件主要有资源禀赋与生态环境、区域市场需求能力、区域产业分工合作、经济一体化下区域产业发展政策；形成的主要动因有产业技术创新、产业结构升级和区域经济发展演进 3 个方面。边缘地区主导产业形成的路径主要有以中小企业为主体组成的产业集群组织模式、基于区域轮动产业背景下的边缘地区主导产业形成路径、基于科技创新的边缘地区主导产业形成路径，是典型的市场拉动与政府推动混合模式。

边缘地区的主导产业选择首先要明确区域间政府合作与竞争的决策偏好，这既是避免重复投资、重复建设、地区产业同构的前提，也是边缘地区发挥特色产业优势、实施错位发展经济政策的前提。边缘地区的主导产业选择需充分考虑地区间合作与竞争、重视主导产业选择微观基础、遵循选择主体层次性、资源环境约束与整体性调配、突出主导产业本质特征原则，根据经济发展阶段来选择主导产业评价指标，要确保主导产业发展演进与地区经济发展阶段、产业结构调整优化具有内在一致性。边缘地区选择主导产业的基准可以设立产业增长潜力基准、产业关联效应基准和社会经济效益基准，由于边缘地区主导产业的选择受到诸多因素的制约，其中大部分影响因素很难直接取得定量分析所需数据，因而，边缘地区主导产业选择评价指标体系适宜采用德尔菲法和层次分析法来确定定量指标。

边缘地区主导产业选择是一项系统工程，需要政府、产业界、第三方的倾力参与共同作用，要采用定性与定量分析相结合，多方法、分阶段、有步骤、有条不紊地进行。在选择基准、指标体系构建以及定量方法上要从实际出发，灵活处理。

边缘地区培育主导产业的模式，应该根据经济发展的不同阶段、产业发展的特点审慎选择。边缘地区在培育主导产业过程中要坚持以下几个原则：合理确立主导产业培育的优先顺序，注重相关产业的协调发展，重视对中小企业的发展支持，理性对待产业梯度转移。边缘地区经济发展阶段处于低级阶段、产业结构不完善时，应该选择政府主导型模式；边缘地区经济发展处于中级阶段、具备一定的产业基础与发展能力时，应该选择政府与市场混合型模式；当边缘地区经济发展与区域经济融为一体、产业结构较为完善时，应该选择市场主导型模式。边缘地区培育主导产业的主要途径应从培育专业化市场、强化产业技术创新能力，加快传统产业改造，强化龙头企业在产业中的带动作用3个方面着力。

本书在边缘地区主导产业研究中主要有以下成果：

第一，厘清了边缘地区主导产业形成路径，为边缘地区如何促进主导产业形成指明了方向。边缘地区主导产业形成的路径主要有基于产品市场优势的中小企业发展、基于区域轮动产业背景下的产业承接和基于科技创新能力的科技型企业快速发展3种路径。边缘地区可以根据地区的资源禀赋、区域分工协作情况、区域产业政策、产业结构升级要求进行制度体系建设，促进不同路径的主导产业形成。

第二，提出了边缘地区主导产业成长自组织型模式、引导型模式、集成型模式，揭示了主导产业选择和培育在产业成长过程中的重要意义。边缘地区一般处于工业化初期或刚进入工业化中期的初始阶段，其主导产业的成长受到历史文化因素、自然资源禀赋、经济地理区位、资金、人才、政策制度等制约，比较适合边缘地区的是“自组织型+引导型”的成长模式，主导产业选择与培育是促进其成长的有效手段。

第三，构建了边缘地区主导产业选择评价指标体系，为边缘地区选择主导产业提供了方法上的参考。结合边缘地区经济边缘化特性、主导产业形成的特殊性、区域竞争与合作的特点，边缘地区主导产业选择不仅要确保所选产业的发展符合经济发展战略目标，而且要确保主导产业发展演进与地区产业结构调整优化、经济发展阶段具有内在一致性。据此构建了由产业增长潜力基准、产业关联效应基准和社会经济效益基准组成的基准层以及由需求收入弹性、产业增长率、影响力系数、感应力系数、资金利税率、综合经济效率、能源消耗产出率、比较劳动产出率、产出就业吸纳率9个评价指标构成指标层的边缘地区主导产业选择评价指标体系，阐明了边缘地区主导产业的选择方法，用于指导边缘地区政府、主导产业企业代表、第三方的权衡比较，最终确立边缘地区主导产业。

第四，提出了边缘地区主导产业培育模式和培育效果评价方法，为边缘地区有效培育主导产业并适时调整主导产业部门的构成提供了方法上的参考。边缘地区培育主导产业的模式，应该根据经济发展的不同阶段、产业发展的特点审慎选择。培育过程中要综合评价所选主导产业与经济增长的关联性、对产业结构优化升级的作用、对经济发展的贡献，确定主导产业选择方案的合理性、培育有效与否，并根据评价结果适当调整主导产业部门和培育措施。

# 目　　录

# 第 1 章

# 绪　论

## 1.1　研究背景与意义

### 1.1.1　研究背景

区域发展的不均衡现象是长期存在的一种动态过程，边缘地区是区域不均衡发展的直接结果。远离市场、不利的地理条件、贫困和要素流出、社会经济变迁、区域经济一体化等都会导致边缘地区的产生。作为区域经济系统的边缘地区，其经济类型和质量在整个区域经济体中变得愈来愈淡化，与经济中心相比，边缘地区的经济边缘化特性比较明显。

伴随着区域经济一体化的进程加快，区域经济协调发展成为人们普遍关注的热点，区域经济协调发展呈现出地域一体化和城乡协调发展的动态趋势。经济学家通过考察处于不同发展阶段的工业化国家实践揭示：一个地区或国家在不同的经济社会发展阶段，总有几个发展较快、带动力强、产业关联度高的主导产业带动区域经济产业结构升级。我国真正的工业化和现代化进程始于 1949 年，在短短几年时间内恢复工业基础，却又在经济“大跃进”中迷失，自改革开放以来，各地方区域政府积极借鉴、应用主导产业理论，选择若干重点产业大力扶持其发展，取得了积极的成效，为改革开放 30 多年来经济的高速发展与持续增长提供了重要支撑。但由于各地区资源禀赋、人口状况、基础建设水平、生产力布局、技术储备以及经济社会发展阶段的差异，使得各地区在主导产业选择与培育过程中遇到了较大困难，突出的问题是各区域主导产业趋同，造成重复引进、重复投资建设，但结果却是各地主导产业发展表现迥异，有的地方经过多年也未形成科学合理的主导产业体系，很多地区甚至放弃区域主导产业的选择。这在“九五”期间各省、市、自治区提出的产业发展规划中表现得较为明显，仅以机械工业为例，全国有25个省、市、自治区将其列为主导产业，电子工业、化学工业、汽车工业等也颇为集中，产业结构趋同现象可见一斑。

我国经济正在不断快速发展，特别是2008年为应对世界金融危机而实施的系列产业振兴计划以及随后提出的区域经济发展规划，明确了各地区的经济发展方向。从区域发展的角度来看，各地方积极培育主导产业既是实现本地区经济社会健康发展，也是与其他各地区协调发展的必要前提。对于区域间的边缘地区来讲，如何选择培育适合本地经济社会发展的主导产业，发挥其关联作用，优化边缘地区资源并进行合理配置、带动区域经济快速增长、推进自主创新能力、促进经济社会环境协调发展就成为当务之急。党的十七届五中全会审议通过的“十二五”规划建议中指出“要促进区域协调发展，积极稳妥地推进城镇化，实施区域发展总体战略，实施主体功能区战略，完善城市化布局和形态……构筑区域经济优势互补，主体功能定位清晰，国土空间有效利用，人与自然和谐相处的区域发展格局”。这表明“十二五”是产业升级和产业转移的关键时期，要启动新一轮经济增长，必须有一些主导产业先行带动。边缘地区必须坚持发挥后发优势和差异化发展的思路，明确区域优势、发挥区域分工协作作用，适应中国经济发展大格局，实现跨区域产业布局，通过承接大城市高端服务业、高端制造业的价值链配置，形成与周边协调、完整、分配有序的产业链，促进边缘地区产业结构的优化升级。

本书的研究，正是在这样的背景下提出，结合当前乃至相当长历史时期我国经济发展的特点，对边缘地区主导产业的形成、成长模式、选择、培育问题加以理论梳理与分析，以期对理论层面的若干问题进行有益的探讨，同时对边缘地区主导产业选择培育实践提出相应的建议。

### 1.1.2 研究意义

（1）理论意义。研究围绕边缘地区主导产业选择这一主题展开，涉及产业经济学、区域经济学、发展经济学等多个学科理论。通过对边缘地区主导产业理论研究进行系统梳理，对边缘地区主导产业相关范畴进行界定，深入研究区域经济格局演变规律，探讨边缘地区的形成、边缘化特征，明确边缘地区主导产业的形成动因、形成路径、作用机理、培育机制，同时对边缘地区主导产业的选择方法进行系统性研究，建立一个从定性分析到定量分析有机结合的完整分析框架，以期使边缘地区主导产业选择更有效、更实际。

综上，本书试图确立一个能适合地区经济发展、具有可操作性的边缘地区主导产业分析框架，并对建立完整的边缘地区主导产业选择理论，明晰其成长作用机制，丰富和发展区域经济理论做出有益尝试。

（2）现实意义。现实意义包含以下几点：

第一，边缘地区经济发展的实际迫切需要边缘地区主导产业理论的指导。中国作为一个发展中大国，由于自然地理、资源禀赋、人口状况、基础建设水平、生产力布局、技术储备以及经济社会发展阶段的差异，客观上存在着地区差异、城乡二元结构差异等问题，由此形成了中国现有的区域差异和经济格局，这与中国所经历的3次大的战略性调整密切相关，尤其是在非均衡发展战略指导下实施的第二次调整中（改革开放东南沿海地区优先发展战略），中国区域差异问题逐步显性化、扩大化。2009年以来，新的一轮国家区域发展战略又开始逐步实施，可以预见，在未来的数年里，中国区域差距仍会进一步发展，城乡差距、地区差距将相互交错、共振，势必会引发更多的经济、社会问题。如何促进各区域协调发展，特别是如何使处于各区域边缘的地区能够分享经济发展成果，与周边地区协调并快速发展，这是一个亟须解决的问题。

边缘地区在区域经济一体化进程中，不能回避区域差距问题，其如何依托更大层面的区域经济发展成果，建立与周边地区协调发展、适合本地区的经济发展路径就显得非常重要。研究表明，区域主导产业是区域产业系统中具有较强前瞻性、带动性、关联性的产业，是区域产业结构调整与优化的核心。培育和形成各具特色的区域经济是我国区域政策和产业政策的重要内容，边缘地区地方政府如何在经济边缘化的现实下，选择具有区域经济比较优势的主导产业，构建合理的产业结构，谋求自身在区域专业分工中的重要地位，积极缩小地区差异，改变城乡差距，同时避免区域间产业结构雷同、低水平重复建设，是在边缘地区经济发展理论探索中必须重视和深入研究的问题。

第二，经济发展基础环境发生了深刻变化，对边缘地区主导产业选择提出了新要求。首先，未来我国经济增长的主要路径将会是产业轮动和区域轮动。如果把产业轮动看成是纵轴，把区域轮动看成是横轴，那么产业和区域就构成中国未来立体发展的基本框架，更能发现中国经济可持续发展的内在动力机制。因此，边缘地区要做好产业梯次转移的准备，加快工业结构升级的进程，这就要求边缘地区政府在经济结构调整与优化中，积极主动选择适合区域发展的主导产业，加大主导产业对经济结构升级的推动作用。

其次，边缘地区主导产业选择要适应我国经济发展的新特征。我国社会消费结构将快速升级，高技术产业作为经济增长支点的核心地位将进一步得到加强。2010年10月，根据国务院《关于加快培育和发展战略性新兴产业的决定》的要求，要将战略性新兴产业加快培育成先导产业和支柱产业，明确到2020年，节能环保、新一代信息技术、生物、高端装备制造业将成为国民经济的支柱产业，新能源、新材料、新能源汽车产业则将成为国民经济的先导产业。这些产业规划无疑将为边缘地区承接产业转移、选择主导产业提出新要求，在产业选择、培育，产业结构高级化进程中也要更多地关注经济、环境、能源（3E模式）协调同步增长。

第三，中小企业发展与边缘地区主导产业成长的关系亟须深入研究。20世纪80年代中后期，我国东南沿海以中小企业集聚、产业集群组织模式出现的新经济现象已成为我国内地政府产业结构调整、产业布局、产业规划参照的典范。20世纪90年代末，东南沿海产业集群的空前发展壮大，江浙区域中一些具有边缘特征的地区出现了独具优势的主导产业雏形，诸如温州鹿城区的打火机产业集群、绍兴的纺织印染产业集群，这为边缘地区主导产业研究提供了丰富的素材。在经济边缘化背景下，以中小企业为主的产业集群集聚竞合优势形成地区主导产业的路径最为引人注目。在经济边缘化影响下，与国家层面或大区域主导产业选择不同，边缘地区的主导产业选择要对主导产业实施主体——微观层面的企业组织予以更多的关注，要更加重视企业家的创新精神，重视企业优势向本地区部门优势的转变，重视产业集聚效应，重视区域竞争优势，使边缘地区的主导产业能够发展起来，进而形成地区支柱产业，带动边缘地区经济快速发展。

## 1.2 相关概念界定

### 1.2.1 边缘地区

20世纪30年代，当代区域经济学先驱瓦尔特·克里斯塔勒（Waller Christaller）等提出中心地理论，1949年，劳尔·普雷维什首次提出“中心—边缘”结构，形象论述了世界贸易格局，20世纪60年代后，弗兰克等发展了劳尔·普雷维什提出的“中心—边缘”结构学说。弗里德曼首次完整提出经济学意义上的“中心—边缘”理论模式，开创区域经济研究的新纪元，他将经济不发达地区称为边缘地区。20世纪90年代，克鲁格曼在其两部门经济发展理论中将边缘地区界定为农业地区。当代区域经济学在论及区域非均衡发展时，使用“中心地区—边缘地区”界定各地区经济发展状况，并由此提出极化理论。

边缘地区是地区边缘化、经济社会边缘化的产物，是经济发展到一定阶段后形成的地理空间“中心—边缘”结构现象，当经济发展到高级阶段后这一现象又将从经济地理研究领域逐步消失。从德国地理学家克里斯塔勒以城市“等级—规模”学说为代表的中心地理论、瑞典学者赫格斯特兰以“点—轴”系统结构为代表的空间扩散学说以及佩罗克斯增长极理论可以看出，边缘地区地理经济结构主要发生于工业化初期、工业化中期以及工业化中期向后期过渡的时期，在传统农业经济时期以及工业化后期、后工业化时期，这种边缘经济现象并不多见甚至是并不存在。边缘地区地理经济现象主要发生在发展中国家，尤其是发展中的大国。边缘地区自然资源禀赋、生存条件较为恶劣，经济发展较为落后，产值规模较小，文化制度、环境等较为传统，开发等级较低，通常也是一国或地区较为贫困的地带，其发展常为政策理论界所忽视。

就经济学领域而言，国内政策理论界较少涉及“边缘地区”一词，在区域划分上更倾向于按行政区划分，也有过“老少边穷”、“欠发达地区”、“落后地区”等提法，但对于边缘地区的认识局限于地理概念，仍未上升到区域经济发展的高度。

本书所指的边缘地区是经济发展较为落后，地理位置往往处于经济地带的边缘甚至盲区，文化较为独立的地区，但不一定属于经济欠发达地区、贫困地区、落后地区等范畴，同时不具备区位优势，是独立于区域经济圈、经济地带等区域经济发展战略群的相对狭小区域。

### 1.2.2 边缘地区主导产业

在理论界，区域主导产业通常从3个角度来界定。从地理空间来界定，区域主导产业是指一国范围内各行政区主导产业的选择与布局，主要包括省区主导产业、地市级主导产业布局。从地理空间与产业选择基准来界定，区域主导产业是指在行政区划范围内，符合一定主导产业筛选基准的产业。从地理空间、产业选择基准以及主导产业内涵角度界定，区域主导产业主要是指在行政区划内，关联性强、增长率高、带动性强、发展前景良好、对区域经济发展以及区域产业结构具有重要影响的产业。在政策实践中，我国区域主导产业主要是从产值大小、产业影响力角度界定的。区域主导产业主要是指在区域产业总产中占比较大、对整个产业系统影响较大的产业。我国政府政绩考核在GDP导向下，过于强调经济增长率这类短期化效应明显的指标，常常将主导产业与支柱产业混为一谈，在确立本地主导产业时科学有效的实证研究较少，主观意愿较强。

根据以上对区域主导产业内涵的梳理，结合边缘地区经济社会特点，本书将边缘地区主导产业定义为：在地理位置偏远于中心城市以及经济地带，经济发展相对封闭、独立的行政区划内，在本地区产业系统中增长率较快、产业关联性较强、发展前景较好、对地区经济发展贡献较大的产业或产业群。

### 1.2.3 主导产业成长机制

“机制”一词源于希腊文，原指机器的构造和动作原理。对机制的这一本义可以从以下两方面来解读：一是机器由哪些部分组成和为什么由这些部分组成；二是机器是怎样工作和为什么要这样工作。

对机制的理解主要包括3个方面的内容，即构造、运行及功能。构造涉及对象的组成，该组成决定了运行的情况和功能的本质；而运行指因为构造体之间的相互作用而体现的一种特有的秩序，机制本身含有制度的因素；任何机制必然导致某种功能，没有无谓的机制。

与此相关的另一个概念是机理，机理是指为实现某一特定功能，一定的系统结构中各要素的内在工作方式以及诸要素在一定环境条件下相互联系、相互作用的运行规则和原理。

主导产业成长机制是指主导产业形成与成长过程中，主导产业内部以及主导产业与非主导产业之间的相互联系和相互作用关系以及主导产业自身发展并带动相关产业发展、推进产业结构升级和优化的实现手段与途径。包含主导产业的形成动因、形成方式、成长模式、产业选择、产业培育、制度安排、产业发展目标等。

## 1.3 国内外研究综述

### 1.3.1 区域经济发展研究

对边缘区域的研究源于区域经济差异研究。区域经济差异是各国经济发展中的一个普遍性问题。区域的均衡发展与非均衡发展始终贯穿于区域经济发展过程中，它们相互交替、交叉演变，不断推动区域经济系统由低层次向高层次发展。

（1）区域经济均衡发展理论。区域经济均衡发展理论发端于马歇尔（Marshall，A.）的新古典经济理论。在20世纪30年代经济危机以前，理论学者和政府管理部门以及企业界普遍认为市场机制是一只“看不见的手”，在市场完全竞争条件下，社会资源配置能达到帕累托最优。从完全市场机制出发，学者们逻辑演绎出新古典区域均衡理论，并沿此路径对区域均衡发展的研究不断深入。新古典区域均衡理论的核心思想是在完全市场经济条件下，资本、技术、劳动力充分、自由地流动，将引致区域均衡发展。但是，这一完美结论是建立在严格的假定条件下，现实中并不存在。恰恰相反，现实普遍存在的是不完全竞争，不完全竞争使得市场空间不均衡发展，此时自由竞争的市场机制更倾向于扩大区域经济差异，对处于经济转轨的发展中国家来讲，一切交由市场“自发性”、“自由化”的发展经济，只能导致经济结构畸形、社会发展动荡以及政治腐败，缩小区域差异的目的无从实现。其原因是新古典区域均衡理论虽然逻辑严密，但其假定条件与现实相去甚远，该理论缺乏对市场缺陷、制度安排、技术进步、规模经济、聚集化等因素进行考虑，在现实的运用十分有限。随着该理论研究的不断深入，莱本斯坦（Leibenstein，H.）提出了“临界最小努力理论”，纳克斯（Nurkse，R.）提出了“贫困恶性循环论”和“平衡增长理论”，美国经济学家纳尔逊（Nelson，R. R.，1956）提出了“低水平均衡陷阱”理论，他指出：发展中国家人均收入的提高受限于人口的过快增长，人均收入一直只处于低水平平衡状态，即“低水平均衡陷阱”。为突破此陷阱，必须大规模投资，使投资和产出的增长超过人口的增长，使人均收入增长率超过人口增长率，从而使一国经济步入快速发展轨道。

区域均衡发展理论主要强调“计划主导”、“政策安排为首”、“宏观调控至关重要”的政策取向，这在一些发展中国家和地区的经济建设中取得了积极成效，建立并完善了国家或地区的工业体系，地区发展差距缩小，人民生活水平特别是人均收入有了明显提高。但这种强调中央计划，强调物资控制，轻视农业和服务业，忽视微观层面企业组织的做法，逐渐给发展中国家造成了多方面的不良后果，如农业发展停滞、工业资本配置效率低下、工业体系脆弱，甚至出现行政垄断、管理低效以及官僚资本丛生现象，难以使发展中国家真正走出贫穷落后的“陷阱”。

（2）区域经济非均衡发展理论。20 世纪 50 年代至 90 年代末，区域经济非均衡发展理论在缪尔达尔（Myrdal，G.）、赫希曼（Hirschman，A. O.）、迪克斯特和斯蒂格利茨（Dixit，A. 和 Stiglitz，T. E.）等著名经济学家推进下得到长足发展，其中较具影响力的理论学说有：缪尔达尔提出的“回波效应”；赫希曼提出的“核心与边缘区理论”；布雷兹斯（Brezls，E.）、克鲁格曼和齐登（Krugman，P. 和 Tisddon，D.）提出了国际竞争的“蛙跳”增长模式；马丁（Martin，L.）探讨了聚集经济条件下的区位竞争问题。

随着研究和实践的深入，逐渐完善了区域非均衡发展理论，其核心思想是：二元经济条件下的区域经济发展轨迹必然是非均衡的，不仅强调部门和产业的非均衡发展，还强调区域发展中的微观层面企业在促进区域经济发展过程中的重要作用，随着发展水平的提高，二元经济必然会向更高层次的一元经济即区域经济一体化过渡。

### 1.3.2 边缘地区经济发展研究

（1）国外对边缘地区经济的研究。普雷维什（1949）在向联合国呈交的一份关于拉丁美洲经济发展问题的报告中，系统和完整地阐述了“中心—外围”理论。在报告中他用中心—外围结构形象描述了国际贸易中诸国之间的关系，为世界贸易经济发展奠定基础。1957 年缪尔达尔提出的“地理上的二元经济结构理论”和 1958 年赫希曼所提出的“不平衡增长理论”也都涉及对边缘地区的研究。特别是赫希曼强调在一个区域有外生给定的核心区（发达地区）和外围（不发达地区），核心区通过极化作用加强自己的地位，又通过消流作用于边缘区，使得边缘区域得以发展。1966 年，弗里德曼（J. R. Fridemna）在《区域发展政策》（*Regional Development Poliy*）一书中，正式提出“核心与边缘理论”。1969 年他在《极化发展理论》中，又进一步将“核心—边缘”的空间极化发展思想归纳为一种普遍适用的主要用于解释区际或城乡之间非均衡发展过程的理论模式。1991 年，克鲁格曼提出了中心—外围模型，是新经济地理学理论中最有代表性的一个两地区、两部门的一般均衡区位模型。该模型回答了在两个具有完全相同外部条件的地区，在存在报酬递增、人口流动和运输成本交互作用的情况下，制造业为何会在一些发达地区集中而不在不发达地区集中，这些情形又会在何时发生。说明了一个国家或区域为实现规模经济而使运输成本最小化，从而使得制造业企业倾向于将区位选择在市场需求大的地方，但大的市场需求又取决于制造业的分布。这极大地丰富了“核心与边缘理论”，使得研究向微观层面推进。1999 年，克鲁格曼等人又通过一个中心—外围模型探讨了两个国家、两种产业和一种生产要素的情况下产业聚集现象产生的原因。他通过模型分析得出结论：在贸易成本高时，两个产业同时存在于核心区域和边缘区域经济中，而在贸易成本低时，产业聚集的现象是可能的，并且也是必须的，甚至可能走上彻底的专业化道路。

需要说明的是，以上研究更多侧重发达地区或核心区域的发展，对边缘地区的研究一般是从属附带性的，这也使得边缘地区经济发展理论研究较为单薄。这些理论对于丰富区域经济学、发展经济学等学科核心理论具有重要促进作用，但重点研究中心地带、优势地区，忽视经济欠发达地区、落后地区、边缘地区经济发展的研究，虽然如此，对边缘地区经济发展理论研究也有较强的理论参考意义。

（2）我国对边缘地区经济的研究。通过文献整理发现，我国学者对边缘地区经济研究主要集中在产业结构调整、制度安排方面，研究的重点倾向于边缘地区与发达地区的合作竞争关系。

肖金成（2004）在《省域中心与边缘地区的经济发展差距》中通过对省域中心地区与边缘地区经济发展差距的研究指出，与弗里德曼理论有很大不同的是，中国的“核心—边缘”结构的形成，既有地理和历史的原因，也有体制和行政区划方面的原因，其重要原因是政治因素和自然因素，而非市场因素。提出要培育或建立更多的区域中心城市，促进边缘地区的发展，形成更多的核心区，以带动边缘地区发展。安树伟（2004）出版了《行政区边缘经济论》，从经济学角度对中国省区交界地带经济活动进行了理论分析，在区域经济合作方面对区域管理与制度安排等方面提出了很好的对策建议。安树伟明确提出了“行政区边缘经济”的概念，在“行政区边缘经济”的运行下，省区交界地带经济发展之所以缓慢的主要原因之一是“交易成本”过高。为了降低省区交界地带“交易成本”的有效途径之一是通过跨区管理，建立不同层次的区域合作组织，通过一个组织（区域管理）的运作来降低“交易成本”。区域经济合作组织的区域管理方式存在的依据，就在于它提供了一种结构，使其成员的合作获得一些在结构之外不可能获得的额外收益，或者降低“交易成本”。这种组织（区域管理）成功实施的关键在于，参与合作的各方能否就有关合作的区域管理方式经由谈判达成一致以及能否最终形成一个超行政区域的调节机构或机制。姚旻、陈厚义（2007）在《开放经济下欠发达的西部民族地区优势产业选择》中对欠发达地区经济特征进行梳理归纳，以铜仁地区“十一五”时期乌江流域片区优势重点产业发展为研究对象，通过实证分析发现，该地区发展机遇与挑战并存，面临的问题与威胁不容忽视，据此给出推进该地区产业结构调整的思路与对策。罗贞礼（2011）在《边缘区域经济协同发展理论与实践体系研究》中提出随着区域差距不断成为人们关注的焦点，统筹区域发展和协调区域经济关系将成为事关中国区域发展全局的重大问题。这种区域差距，不仅存在于快速增长的中心区域与缓慢增长的边缘区域之间，还存在于各个边缘区域内部。尽管区域之间的经济发展状况具有明显差异性，但同时也具有相关性。罗贞礼通过对边缘区域经济发展战略模式创新、政府职能规范、经济发展政策框架重塑的研究，提出边缘地区要进行资源综合开发、合理利用土地、进行产业结构的调整与优化、做好区域城镇化、调整经济发展战略和经济政策、进行边缘区域国家综合配套改革试验区建设探索。侯晓丽（2007）在《欠发达地区农村公共产品投入机制创新探析》中指出，边缘地区问题的存在是多种因素造成的区域非均衡发展的必然结果。研究和分析边缘地区问题，不能只看现状而不管过去，也不能只看到自然条件的制约而忽略了人的因素，而是应综合分析区域自然、经济与社会文化系统发展演进轨迹及其在发展中的相互作用关系。侯晓丽提出了“区域过程”概念，她认为，区域过程是区域生态—经济复合系统的相互作用及其时空发展演变进程，它更强调区域自然要素与人文要素作用机理；区域过程是从区域的角度出发，对某一特定区域内自然生态系统以及人类主导的经济和社会文化系统随时间的演变（垂直过程）及其相互作用过程（水平过程）的综合反映。在复杂的地质过程等因素作用下，边缘地区区域过程中自然与人文要素的相互作用强度明显加剧。同时，由于区域发展主导要素的不断变化，边缘地区的区域过渡性优势和生物多样性资源在一定时期会成为区域发展的促进因素，而在某些时期也可能成为区域发展的制约因素，反映到区域过程结果上，就使其具有阶段性和突变性的显著特征。解决边缘地区问题的主要目标在于使边缘地区“中心化”，即充分发挥边缘地区生物多样性资源优势和人文资源优势，通过产业间有机联系，促进边缘地区完成生态建设、经济发展的双重使命，使边缘地区实现区域过程协调、可持续发展和“中心化”目标。

从文献梳理结果看，国内对边缘地区研究集中在宏观理论研究，主要探寻边缘地区的成因、政府的宏观管理与制度安排，而对边缘地区经济发展的微观层面较少关注。

### 1.3.3 区域主导产业研究

（1）国外区域主导产业理论研究。主导产业是经济发展至一定阶段后的产物，是一种极其重要的经济现象。主导产业思想渊源久远，其萌芽可以追溯至西方古典经济学，但系统完整构建主导产业理论体系也是近几十年的事。事实上，从现有文献不难看出主导产业理论发展有两条路径：一是发祥于区域经济学中的区位理论、区域分工理论等相关理论；二是源自发展经济学中二元结构两部门理论。

1）主导产业理论溯源：区位论、区域分工理论、增长极理论。有关区位论中主导产业思想的研究。区域主导产业思想的萌芽可以追溯到古典区位论，从杜能的农业区位论到韦伯的工业区位论，再到德国经济学家奥古斯特·勒施的经济空间秩序理论，在区域经济学研究基础上逐步形成了关于区域生产区位空间分析的一条清晰的脉络，不难看出，区位论要讨论的中心问题是：微观经济主体如何选择最优的区位实现资源在区域间的优化配置。20 世纪 30 年代，奥古斯特·勒施在区位论中对工业区位问题、农业区位问题、城市区位问题中聚集、位置、规模经济等问题进行了逐一论证，尤其以“经济区”这一全新的理念，更是将区域经济发展的动力、影响因素等糅合起来综合研究。而今看来，区位论不仅是产业组织理论发源的前身，也是区域分工理论的直接动力因素，为区域主导产业选择提供了一定的理论依据。

20 世纪 50 年代中期，法国经济学家帕鲁认为传统区位理论仅关注表面的经济现象，忽视区域之间内在的发展规律，据此提出了“推动性单位”和“增长极”概念，这一思想在随后保德威尔等发展经济学家的推进下形成了增长极理论。该理论指出，经济发展不是均匀地进行，而是在一定推动力下形成集聚力，产生增长中心，最后推动整个区域的发展，这种推动力外部主要来源于政府，内部则是地理位置上资源禀赋特征。与此同时，霍依特、安德路斯和蒂鲍尔等经济学家提出了输出地理论，该理论认为区域出口产业发展直接影响区域经济增长，而区域内经济增长的根本动力是区域外需求的增长，并从区域经济增长的角度通过构建大量计量经济模型定量阐述了区域生产专门化和社会分工的作用，为区域主导产业选择的研究奠定了重要理论基础。

20 世纪 70 年代，美国经济学家约翰·弗里德曼通过对发达国家及不发达国家的经济空间发展规划的长期研究，提出了区域经济阶段论。该理论认为，发达国家与不发达国家经济空间不均衡程度更多地与国家的经济、政治和文化发展水平相关，并把地区政治、文化等社会因素引入区域空间系统研究，跳出世界（国家、城市和区域）发展的研究局限于经济范围的窠臼，揭示经济发展的不均衡性必然会在地区间及地区内形成空间不平等关系。

2）区域主导产业理论。20 世纪 30 年代，创新理论创始人熊彼特（J. A. Schumpter）用“创新”与均衡理论等解释经济发展，提出均衡的打破就是一种产业结构的演进，他主张非均衡发展，创新实质是不断革新经济结构，是一种产业结构的突变，并由此提出了研究主导产业部门非均衡动态分析的理念，为主导产业发展提供了一种基本的研究范式。美国经济学家罗斯托是公认的主导产业理论的奠基人之一，他虽未直接提及主导产业概念，但在《经济成长的阶段》中曾就有关产业选择问题进行过较为深入的论述。他认为对于资源匮乏的国家而言，需采用非均衡的发展战略，鉴于经济增长总是首先发生在主导部门或主导产业群，必须选择正确的具有较高增长率的产业部门重点培育发展，通过这些产业的发展带动其他部门经济的发展，实现均衡发展的目的。最早提出主导产业概念的是美国经济学家艾伯特·赫希曼，他在《经济发展战略》一书中主张资源不足的发展中国家应采用不均衡的发展战略实现均衡、全面、快速的发展，政府直接干预一部分产业市场，刺激市场供给与需求，据此提出了主导产业选择以前向关联、后向关联、旁侧关联 3 个维度为中心的产业关联度基准，指出产业关联度越高对其他产业的带动作用越强，是主导产业选择的内在要求，可以促进整个产业结构的优化发展。1957 年，日本现代著名经济学家筱原三代平认为平衡发展各经济部门不符合日本资源匮乏的国情，必须集中精力发展一批具有增长潜力、带动性强的产业部门，也即需要筛选一定量的主导产业，并据此设计了主导产业选择两条重要的较具影响力的基准，即“生产率上升基准”和“收入弹性基准”。这很快引起日本政府的高度认同，并得到大力推行，日本很快确立了自己的主导产业，并制定相应的政策扶持体系，带动整个经济增长。20 世纪 50 年代以来以韩国、日本、新加坡、中国台湾为代表的“亚洲四小龙”经济增长奇迹，无不展现实施正确有效的产业发展战略对经济快速增长的促进作用。1971 年，日本产业结构审议会在筱原三代平提出的主导产业选择二基准的基础上，又增加“环境标准”和“劳动内容”基准，为实现经济、社会、环境的可持续发展提供依据。

3）产业结构与地区主导产业理论。国外在研究产业结构演化过程中，极大丰富了区域主导产业理论。钱纳里（H. Chenery）选取 1950 年到 1970 年共 101 个国家 20 年的面板数据，采用多元二次回归模型，对这些样本进行了全面而系统的时间序列和横截面研究，结果发现，基础产业（实际主要涵盖第一产业）工资收入比重将随经济增长逐步下降，而第二产业工资收入将稳步上升，服务业与公用事业略有上升，其中对于第二产业而言，随着经济的发展，会依次出现早期主导产业、中期主导产业、后期主导产业，各个时期的主导产业均有各自特点。霍夫曼（Walther Hoffmann）认为现代经济增长的实质是工业化，而工业化进程则是经济结构的不断调整过程，据此他提出工业化结构变动定理也即著名的霍夫曼定理，根据霍夫曼比例将工业化划分为几个阶段来研究产业结构特征。一些经济学家在弗农（R. Vernon）的产品生命周期理论基础上，忽略了具体的产品型号、质量、规格等差异，仅从产业的角度考虑所处发展阶段，提出了产业生命周期理论，认为产业在发展过程中要经历创新、发展、成熟、衰老 4 个阶段。因而，有的学者把先行产业称为先导产业、朝阳产业，支柱产业称为盛阳产业，衰退产业称为夕阳产业，这为研究产业结构调整及优化提供了全新视角。

（2）国内区域主导产业研究。国内对主导产业的研究始于 20 世纪 90 年代初，当时主要是引进、介绍和评价国外产业理论及产业政策。90 年代中期，国家提出“九五”乃至今后一段时期要着力振兴机电、石化、汽车以及建筑业四大支柱产业之后，各区域政府在“九五”规划和 2010 年远景目标纲要中，纷纷提出选择和培育各自的主导产业。十六届三中全会提出 5 个统筹，着重将统筹区域发展作为重中之重，这也推进了区域分工合作、地区产业结构调整，从而促使国内的区域主导产业研究进入蓬勃发展的时期。关于区域主导产业，目前国内研究集中在 4 个方面：一是区域主导产业在区域经济中的战略地位；二是区域主导产业选择理论；三是区域主导产业选择实践；四是区域主导产业成长培育。

1）区域主导产业在区域经济中的作用与战略地位方面的研究。江世银运用区域经济学、产业经济学等学科的基本原理，系统梳理了区域经济发展、产业结

构优化和主导产业选择的基本理论与方法，探讨并重塑了区域产业结构调整和主导产业选择的研究框架与理论体系。着重区分了主导产业和支柱产业的内涵与特征，区域主导产业选择的方法。以四川为例实证研究主导产业选择问题，并就区域产业政策理论进行了探究。刘勇（2009）从3个方面阐述了地区主导产业选择的意义：一是发挥地区比较优势、建立分工合理的专业化区域经济格局；二是有效克服区域产业趋同现状，减少地区间行政性重复建设造成的资源浪费；三是提升区域空间一体化水平，促进区域经济效率提升。他认为地区主导产业功能如果仅局限于地区专门化、带动区域经济增长两个方面，并据此构建地区主导产业选择基准有失偏颇，事实上，地区主导产业选择与区域经济发展战略紧密相关，与地区产业结构变动及调整密切相关，因而，仅采用需求弹性基准、技术进步基准、产业关联基准、增长后劲基准，而遗漏就业基准、生态基准等方面，不仅不能准确选择主导产业，而且忽视各个地区经济发展阶段与实际情况的做法，也容易陷入指导思想与方法论的陷阱，重蹈区域主导产业选择趋同之覆辙。彭建娟（2006）在《区域科技能力及其对产业结构调整和主导产业选择的影响研究》中对区域科技能力的性质及区域化特征和原因加以定性化研究，建构了区域产业结构与区域科技能力的有效结合点，提出基于区域科技能力现状的产业结构调整方向和主导产业选择方案，以寻求国民经济总体和区域的最优化。李雁玲（2010）在《产业结构与就业结构变动研究》中以中国澳门作为研究对象，以中国香港、新加坡、美国拉斯维加斯作为参照系，通过数据搜集整理、调查问卷设计、专家访谈深入分析中国澳门产业结构与就业结构的变动规律，研究发现，外部压力与政府产业政策是推动产业结构调整的根本动力，而大量外来务工人员的进入则是就业结构变化的重要诱因，并由此预测中国澳门未来5年二者变动趋势，并提出相应对策。盛朝迅（2011）在《大型零售商主导产业链的经济绩效——一个基于零售商与制造商交互影响的实证考察》一文中突破传统经济分析单从制造业视角考察产业链绩效的分析范式，结合现实制造业产业链发展特点，将大型零售商纳入制造业产业链的经济绩效考察范畴，通过建立一个综合零售商与制造商因素的实证模型，对大型零售商产业绩效提升作用进行定量分析，分析结果显示，大型零售商因素确实对产业链绩效提升具有显著意义，据此提出促进大型零售商主导产业链的转型升级和绩效提升的对策建议，这给出了研究区域主导产业的一个新视角。

2）区域主导产业选择方面的研究。区域主导产业选择的理论与实证研究主要集中在主导产业选择基准上，对区域主导产业的培育则较少涉及。

早期我国对区域主导产业选择基准的研究以定性研究为主，这也使得许多设定好的基准由于缺乏定量实证研究的支持而流于形式。周振华（1992）认为发展中国家要以结构矛盾的缓解来推进整个产业的发展，提出主导产业选择3个基准：增长后劲基准、短缺替代弹性基准、“瓶颈”效应基准。但是，实践证明，短缺替代弹性基准、“瓶颈”效应基准适用性较差。阳昌寿（2001）在《区域主导产业理论与实证研究》中就区域主导产业的理论框架的构建、区域主导产业的选择基准和指标体系的确定及影响因子、区域主导产业的计量分析、培育和发展区域主导产业的政策选择等问题进行了深入研究，提出的关于区域（省级区域）主导产业的选择基准和指标体系，对于分析相似区域的主导产业问题同样具有较大的理论指导意义。郭克莎（2003）在《工业化新时期新兴主导产业的选择》一文中从工业化推进过程中面临新的增长、就业机会创造、可持续化道路等方面，分析了工业化新时期新兴主导产业选择的必要性，并提出新兴主导产业选择的6个基准：增长潜力、就业功能、带动效应、生产率上升率、技术密集度、可持续发展性，以此对我国制造业中新兴主导产业进行了筛选，在同日本等国比较后发现，选择电气机械器材、专用设备、电子通信设备、交通运输设备等为主要内容的机电产业作为我国制造业的新兴主导产业具有国际成功经验的支持，也符合我国产业结构演化规律。通过促进这些新兴主导产业的培育与发展，力求对其他产业以及整个产业系统产生较大的带动效应，同时还要处理好3个关系：一是劳动密集型产业、资本密集型产业、技术密集型产业三者之间的协调关系，既要充分利用我国丰富的劳动力资源，也要发挥智力、资本的作用；二是出口与国内市场的关系，充分利用竞争优势与比较优势处理二者的关系，不断开拓市场；三是国有企业、民营企业、外资企业、合资企业的关系，有序引导民营企业、外资企业向新兴产业发展。

最近几年，我国学者加强了对区域主导产业的实证研究，尤其是加强了对基于产业结构演化与主导产业演化规律的实证研究，一方面极大地促进区域产业结构调整与主导产业选择基准理论的发展；另一方面大量的数理统计方法、管理学思想等的引入，为区域主导产业选择提供更多操作性强的研究模式，为政策实践制定提供理论依据。张平（2005）采用跨学科、海量文献法，系统、准确地归纳总结区域产业结构演化理论，全面考察了中国区域产业结构演化的轨迹，并对各地区产业结构升级模式进行横向比较，讨论市场与政府在区域产业结构调整的作用角色问题。刘颖琦、李学伟、李雪梅（2006）认为传统主导产业的研究思路、方法、指标体系选择等方面要求较为完整的产业发展数据，而难以应用在西部大部分经济欠发达地区主导产业选择中，极大地阻碍了产业理论的实践应用空间，他们突破产业研究沿袭产业关联理论、筱原三代平基准选择理论等窠臼，以比较优势、竞争优势理论为基础，建立主导产业选择的钻石模型。通过建立以生产要素、需求条件、相关及支持性产业、同业竞争、可持续发展、政府、机会等一级

指标，采用线性加权法对西部贫困地区各产业进行分析与评价。刘爱文、郑登攀、赵璟（2010）在《基于BP逻辑模糊神经网络的资源型城市主导产业选择研究——以陕西省榆林市为例》一文中采用BP逻辑模糊神经网络方法对资源型城市产业进行了评价，旨在重构资源型城市主导产业选择基准，据此建立更为科学合理的指标体系：以产业存在、产业发展、产业相关、可持续发展4个一级指标，细分总产值增加值比重、资金利税率等共17个二级指标，构成资源型城市主导产业选择指标体系，为资源型城市主导产业选择提供了全新研究思路，最后以陕西省榆林市为例，实证分析了该市主导产业选择及方案。谷德斌、傅毓维（2010）在《基于资源配置有效性的主导产业选择方法与实证研究》一文中探讨了主导产业的选择基准，认为集约化是经济发展、产业结构调整实现资源优化的重要途径，根据数据包络分析（DEA）和聚类理论提出主导产业选择的新方法——二次数据包络聚类分析的方法，据此提出主导产业选择基准：一是产业的规模经济效应与资源集中度；二是吸收科技成果和科技创新能力；三是产业关联效应；四是社会效益；五是可持续发展性，并以黑龙江省作为实证分析对象，对其主导产业选择确定进行二次聚类分析。陈丽珍、赵美玲、肖明珍（2011）在《基于层次分析法的江苏现代服务业主导产业选择》中界定了现代服务业主导产业的内涵，构建现代服务业主导产业选择的5个基准：一是需求动力基准，包括需求规模、需求增速、需求收入弹性3个子指标；二是生产要素投入基准；三是产业间互动基准，仍采用影响力系数和感应度系数测度；四是产业竞争力基准，选用产业外向度、增加值系数等指标定量考察；五是社会贡献基准，选取就业贡献、税收贡献等指标评价。最后采用层次分析法对江苏省现代服务业主导产业选择进行了实证研究。事实上，现代服务业主导产业的提法为区域主导产业选择提供了全新思路，即根据第一、二、三产业发展需要，分别选取各自的主导产业，最后根据区域经济发展需要截取影响力较大的产业作为区域主导产业。李娜、王飞（2012）在《中国主导产业演变及其原因研究：基于DPG方法》一文中采用比例增长偏离方法（DPG），测算了1992~2005年主导产业演变过程，发现经济发展过程中主导产业从农业向工业部门发生了转变，部分服务业也得到了较快的发展，其中1992~1997年、1997~2002年、2002~2005年3个阶段主导产业均以机械电子类产业为主，能源、纺织等也间歇性地成为主导产业。相比第二产业而言，第三产业仍有较大提升空间，亟须加快产业结构优化升级，建议政府加大对第三产业的干预，培育新型的服务产业。同时要加大对第二产业中能源、原材料等消耗大的产业发展进行合理有序的规制，促进产业结构调整与优化，保障产业的可持续发展。王秋红、唐燕玲、裴广群（2012）在《基于偏离份额法的主导产业选择》中采用偏离份额分析法（SSM）对甘肃省主导产业选择进行了实证研究，结果发现交通运输业、石油和天然气开采业、黑色金属冶炼及压延加工业等六大产业具有良好的竞争优势，此外食品加工业各指标值也显示一定优势，与全国相比仍具有一定的结构优势、竞争力优势和较好的发展前景，认为以上七大产业可以作为甘肃省当前发展阶段的主导产业部门。

区域主导产业选择的实践主要集中在国家层面和各地区主导产业的布局规划上。陆晓芳（2007）在《吉林省主导产业技术发展预见研究》中以产业技术研究为出发点，在分析了吉林省科技、经济现状的基础上，根据吉林省未来经济发展的模式，运用德尔菲法对吉林省主导产业技术发展状况进行预见研究，明确划分了未来15年吉林省主导产业的关键技术、对吉林省社会经济发展最重要的技术、吉林省未来5年能够形成自主知识产权（专利）的技术、吉林省未来能够实现产业化的技术。从“人口健康”、“资源节约”和“环境友好”等方面研究了吉林省主导产业技术发展对人民生活质量的影响，从“教育与人才培养”、“资本与技术融合”、“产学研的交流合作”、“增加政府研发投入”和“政策/制度/标准”等方面分析了影响吉林省主导产业技术发展的制约因素，研究了吉林省主导产业技术的发展路径，且提出了吉林省主导产业技术发展的相关对策。王玲、艾德蒙（Adam Szirma，2008）在高技术产业技术投入和生产率增长之间关系的研究过程中，采用永续盘存法估算资本存量和技术创新投入存量，并以此估算了技术创新与其他知识存量的产出弹性。陈建军、胡晨光（2008）在《浙江制造业发展的重点与思路——基于主导产业倒U形演进假说的分析》一文中基于主导产业倒U形演进假说，结合1991～2001年浙江、上海等相关统计数据，运用相关产业考察研究方法分析了浙江省制造业发展演化的轨迹，再次验证了浙江省主导产业倒U形演化假说。根据浙江省产业发展的实际情况，突出产业发展比较优势，确定了浙江省产业发展的重点方向，认为浙江省制造业发展的基本路径应该是资金、技术密集型产业优先发展、劳动密集型产业规划发展，具体可以实施“外引内孵”、“东扩西进”战略，强化自主创新能力培育，在区域内实现产业布局的优化和产业升级。李北伟、肖静、董微微（2012）在《吉林省主导产业选择及发展思路》中通过对吉林省主导产业选择的总量分析，认为汽车制造业、农林牧渔业等6个产业部门可以作为吉林省主导产业的备选产业，并从产业关联的角度和吉林省的省情进行了分析，最后提出了吉林省产业结构调整的对策建议。高波、陈健、邹琳华（2012）对我国发生的大规模区域产业转移的动因，尤其是区域房价差异对产业转移产生的影响进行了实证分析，认为区域房价差异是促进劳动力流动、区域产业转移的重要诱因，提出各地区要制定合理的产业发展规划，同时要加大对东部房价较高地区高端产业发展的扶持力度，避免区域内产业“空心化”现象。

### 1.3.4 边缘地区主导产业研究

从现有文献看，对边缘地区主导产业研究较少，研究的重点和范围集中在政策制定上。贾宝军（2007）在《边缘区域主导产业选择与培育研究》中，总结国内外区域经济发展阶段理论、产业布局理论、区域开发模式，比较区域经济学和产业经济学二者研究视角的异同，并就边缘地区主导产业选择的经济环境、选择原则以及指标体系等方面进行了深入分析，同时在边缘区域主导产业发展与培育这一极具现实意义、理论意义的领域做了探究，利用“中心—边缘”模型探讨了边缘区域主导产业发展的模式与路径，给出了边缘地区主导产业培育的途径与措施。在边缘区域主导产业选择的博弈分析过程中，着重分析了边缘区域经济合作的博弈过程、边缘区域地方政府之间产业竞争博弈过程，并据此构建边缘地区主导产业选择的风险指标体系。最后以陕西汉中作为实证研究对象，全面分析了汉中主导产业选择的成功经验与现实问题。程广斌、龚新蜀（2009）针对西部地区经济粗放增长中暴露出资源耗费过度、效益低下等问题，认为集约发展是实现西部经济快速发展的必由之路，而产业组织优化则是实现该目标的关键，其采用归纳与演绎相结合、规范分析与实证分析相结合等研究方法，以产业组织理论为基础，综合运用系统协调优化发展理论、区域经济可持续发展理论，搜集翔实的资料证据，对西部地区产业结构优化进行系统深入研究，并给出相应对策建议。张小青（2007）从欠发达地区产业发展现状入手，分析了欠发达地区主导产业生成的约束因素，提出要从政府导向、企业集群成长、借势“扩散效应”、龙头企业培育4个方面构建欠发达地区主导产业生成机制，促进欠发达地区主导产业成长。

### 1.3.5 研究现状总结与趋势分析

综上，国内外对区域主导产业选择理论与实践的研究颇为丰富并且也较为成熟。研究重点是在引用国外主导产业选择理论基础上，将其大量应用于国内区域主导产业选择，但是这种区域主导产业选择的研究重复过多，涉及的地区与领域较为狭小，从某种意义上讲，浪费了大量的科研资源。

国内外对边缘地区主导产业培育、成长作用机制方面的研究并不多见。从以上对边缘地区主导产业理论与实践研究的梳理可以看出，边缘地区主导产业研究的重点主要集中在3个方面：一是区域主导产业选择影响因素研究，也即主导产业选择的依据；二是区域政府如何选择主导产业，也即主导产业选择基准问题；三是主导产业形成的制度环境、文化环境和培育途径方面，主要局限在产业政策制定上。研究的共同特点是如何通过边缘地区主导产业发展来实现区域间经济发展的平衡，突出强调立足自身条件、形成竞争优势。

缺乏深入研究的是：对边缘地区的产业链问题未给予充分关注，对微观层面企业组织对边缘地区主导产业的形成以及作用机制未深入研究，未明确边缘地区是否一定要构筑自身完备的产业体系和产业结构。实际上，边缘地区的市场环境条件决定了考虑主导产业选择影响因素时必须要考虑跨区域因素，在确定边缘地区主导产业的选择基准时，必须考虑区域因素，如产业关联度基准，在主导产业形成阶段更多要考虑与核心区域的产业关联。研究表明，在确定边缘地区经济发展战略时，要强调自身的资源优势，强调竞争优势的形成，但对区域合作和错位发展未给予充分关注，对于区域轮动和产业轮动的研究关注较少。实践中，边缘地区更应强调核心地区的“扩散效应”，应做好产业承接准备。最后，产业政策在制定时往往忽视划分中央与地方政府财权与事权，导致产业政策制定缺乏灵活性、时效性、契合性。这些将会是下一步边缘地区主导产业研究的主要方向。

本书正是基于以上研究现状的考究，定位于边缘地区主导产业成长机制研究，跳出国内研究区域主导产业局限于经济地带、中心区域产业发展的窠臼，立足于边缘地区经济边缘化的现实，将边缘地区主导产业选择、培育、成长作为主要研究内容，关注边缘地区经济特殊性、产业发展特点、政策支撑体系、区域分工之间的契合关系，着重研究主导产业形成路径、成长模式、选择依据和培育机制。

## 1.4 研究内容与方法

### 1.4.1 主要研究内容

本书共分为 8 章，具体框架与内容安排如下：

第 1 章为绪论部分，主要介绍研究背景、研究意义、相关概念的界定，重点梳理论证国内外研究现状，为研究的开展与推进提供依据。

第 2 章为理论基础部分，通过对区域分工理论、产业关联理论、区域产业结构理论的系统阐述，梳理主导产业思想渊源，为构建边缘地区主导产业选择、培育成长提供理论依据。

第 3 章重点阐述了边缘地区主导产业的形成机理，明确地区经济边缘化是边缘地区的主要经济特征，指出边缘地区主导产业的特殊产业性质，论证边缘地区主导产业形成的条件、动因以及路径。

第 4 章论述边缘地区主导产业成长的模式，明确边缘地区主导产业成长的自组织型模式、引导型模式、集成型模式的成长过程和特点。

第 5 章为边缘地区主导产业选择，分析边缘地区政府在区域合作与竞争中的决策倾向，确定边缘地区主导产业选择的原则，设计边缘地区主导产业选择指标体系和评价方法。

第 6 章重点论述边缘地区主导产业培育机制，分析边缘地区主导产业培育的产业发展环境，从产业培育的原则、模式、路径等方面对边缘地区主导产业的培育成长机制进行深入研究。

第 7 章为实证分析部分，以乌兰察布市为例，依据本书提出的研究方法对其主导产业选择和培育进行实证分析。

第 8 章为结语，对全书进行总结并提炼创新点，指出研究的不足之处和研究展望。

### 1.4.2 研究方法

研究主要采用系统分析、理论研究与实证研究相结合、定性分析与定量分析相结合的研究方法，力求保持整体逻辑一致，保持逻辑推论与经济事实一致，保持所提出的理论假设与经济实践一致。

（1）采用系统分析方法。通过对区域主导产业理论文献的整理与评析，提出边缘地区主导产业的基本研究方法，注重微观层面，力求通过系统分析方法的运用，把边缘地区主导产业理论纳入一个兼容宏观区域经济和微观产业组织的主导产业理论模型，从而建立一个逻辑严密的边缘地区主导产业培育成长的理论体系。

（2）理论研究与实证研究有机结合，将严格界定边缘地区的概念内涵，边缘地区主导产业的形成机制、选择主体、目的与对象、原则与基准等。在此基础上，采用实证分析方法，力图站在中国区域差距问题的解决和区域协调发展的角度，构建边缘地区主导产业选择的指标体系与综合评价方法，从而形成一个包含原则、基准、指标体系的完整实证分析框架。

（3）定性分析与定量分析相结合，将归纳分析、比较分析、结构分析与回归分析、时间序列分析、投入产出分析等方法有机结合起来。对主要贯穿于主导产业选择过程中其他产业与主导产业之间的关系即产业关联性以及主导产业在一段时期内的变化发展规律作为重点研究内容，从而为边缘地区主导产业的选择、培育、成长提供一个可实际操作的理论分析方法。

边缘地区主导产业成长机制研究是一项系统工程，仅就经济学领域而言，涉及产业经济学、区域经济学、发展经济学、地理经济学等多学科理论知识，还涉及公共管理学、社会学等学科基础理论，本书需采用跨学科的研究方法综合运用各相关理论框架完成研究内容。同时，为增强文章的可读性，图表法也是本书的重要方法。

### 1.4.3 技术路线

本书研究思路如图 1－1 所示。

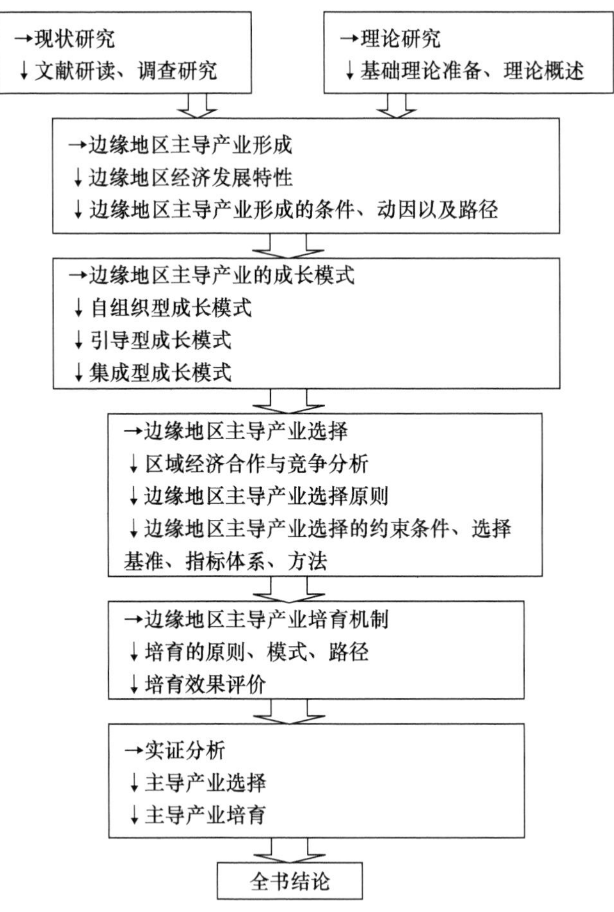


图 1－1　本书研究技术路线

# 第2章

# 相关研究理论

## 2.1 区域经济增长理论

区域主导产业的主要理论来源是经济增长非均衡理论，而非均衡增长论渊源久远，贯穿于整个经济发展理论始终。从某种意义上说，区域主导产业是非均衡增长论的典型产物或直接推论。经济发展阶段理论则是主导产业理论的直接发祥地，区域分工理论也孕育着主导产业思想。

### 2.1.1 均衡增长理论

以希克斯为代表的均衡投资增长战略认为，其一，发展中国家尤其是发展中的大国不具备国际竞争优势，在国际贸易中处处受发达国家排挤限制而处于劣势，为摆脱困境，要独立全面发展区域各种经济部门和产品，摆脱发达国家的干扰，实现经济快速发展；其二，要保障均衡增长战略的实施，必须采用计划手段，这是基于发展中国家市场机制不完善，市场这只“看不见的手”不能按预定目标实现资金在各经济部门的均衡投资；其三，根据各产业部门存在最小规模经济的特点，综合上述两大观点，在全国实行一定规模的全面投资，通过各产业部门的内在关联性，相互支撑整个产业体系的发展，最终实现均衡增长战略之目标，彻底摆脱落后，缩小与发达国家经济的差距。

均衡投资增长战略具体可分为3种形式：一是完善的均衡投资增长论，该学派认为国家应根据产品的价格弹性与收入弹性大小，将现有资源全面均衡分配给产品对应的产业部门，以求总供给与总需求均衡，最终实现经济快速健康发展；

二是温和的均衡投资增长论，赞成这种投资形式的代表人物是纳克斯（R. Nurkse），发展中国家尤其是落后国家要想摆脱贫困陷阱，应按不同比率大规模均衡投资于工业、农业、基础设施、外贸等国民经济部门，实现各经济部门按不同速率、全面发展；三是激进的均衡投资增长论，赞成这种投资形式的代表人物是罗森斯坦－罗丹（P. N. Rosenstein－Rodan），提出为使整个经济部门按同一速率全面增长，必须对国民经济各部门实行完全平均的大规模的投资，事实上这种做法过于偏激，对于发展中国家尤其是落后国家存在极大的操作局限性，实践指导意义不大。

### 2.1.2 非均衡发展理论

西方经济学开山鼻祖亚当·斯密（Adam Smith）在《国民财富的性质和原因的研究》一书中认为，国民财富的增长很大程度上取决于现代城市社会的形成和随之而来的工业化。斯密在考察欧洲各国产业政策中发现，有的国家倾向于鼓励农业的发展，有的国家则倾向于城市各产业的发展，诸如工业、商业、制造业等，唯独没有发现有国家制定平均发展各种产业的政策，事实上，非均衡增长政策已被各国所采纳。他在该书上卷第3篇中较为详细地论证了农业收益递减、工业收益递增，只有工业扩大化，才能使国民财富较快增长，经济发展在不同阶段带动部门也不同，在早期经济发展带动部门是农业，中期会过渡到工业，不难看出其中有关斯密主导产业思想的阐述。综合而言，区域主导产业思想在斯密非均衡经济增长政府政策选择中得以体现。此外，斯密的劳动分工理论对区域分工体系构建，对各区域主导产业选择具有重要的借鉴意义。

古典经济学家大卫·李嘉图（D. Richard）也认为经济是非平衡增长的，他的经济增长理论近乎是斯密的复述，同样他得出农业收益递减、工业收益递增规律，经济增长是由工业增长带动的，他引入技术革命与自由贸易防止经济进入“静止状态”。在自由贸易方面，他根据比较成本学说论述了英国工业化过程中对农业发展的影响，意在说明国际贸易对国内产业结构调整的影响。他更注重经济的均衡增长，强调一国产业倾斜政策要从国际区域范围内来考虑制定，不宜损害其他产业正常发展。总体来说，他还是关注经济非均衡增长中某些产业的特殊增长带动作用，主张非平衡增长。

剑桥学派创始人阿尔弗雷德·马歇尔（Alfred Marshell）经济发展理论再次综合了西方经济学一般发展理论，其主要特点在于：第一，强调对现实资源的优化配置，重视资本积累的作用。资源向工业方向转移配置会提升资源的边际报酬，资本的积累对工业化具有重要促进作用，工业化的不断推进将促使经济快速增长。第二，强调教育对人力资源开发的重要作用，认为教育投资使多数人获得

特定能力，投资于教育是明智之举。第三，他认为经济发展是一个渐进、和谐的过程，经济发展带来的福利可以逐步分配到社会全体成员中。

创新理论创始人熊彼特（Shumpeter）认为，经济发展是不断打破现存经济关系格局的一种突破。他强调创新驱动力，并将创新定义为一种新的生产函数，主要通过采用新的生产技术、创造新的产品、开辟新的市场、新的企业组织形式等实现创新，据此他提出“创造性毁灭”理念，把这种“不断地从内部革新经济结构，即不断破坏旧的、不断创造新的结构”的过程称为“产业突变”。由此可以看出，熊彼特对经济发展仍然强调非平衡增长，尤其强调企业家“创新精神”对“产业突变”的促进作用，这也可以代表他对主导产业思想的主要贡献。

以赫希曼（A. O. Hirshman）为代表的非均衡投资增长战略认为，发展中国家或经济发展落后国家（或地区）储蓄和投资二者联结起来的投资能力不足，而要实现经济快速增长，必须有选择性投资，优先投资关联性较强的产业，也即投资主导产业或主导产业群，由主导产业的带动性促进国民经济各部门升级优化，且投资那些后向关联强的主导产业更为重要；根据斯特里顿有关人类需求存在“欲望合成代谢”的特点，非均衡投资论者认为只有实施非均衡投资，才能满足人类不断产生的新的需求；非均衡投资论强调市场调节作用，通过“引致投资最大化”实现投资能力的提升，在贸易经济中，鉴于发展中国家或经济发展落后国家（或地区）工业在资本、原材料、半成品生产上的不足，建议加强外资引进力度、建立“进口替代”工业。

非均衡投资增长论强调需求结构变化规律引致的产业增长变化特征，主张发展中国家应根据各产业在区域产业结构中的地位、区域经济发展阶段，制定相应的有利于本地区的关联性强、带动性强、增长率高的产业发展的投资与扶持政策。

## 2.2 经济发展阶段理论

### 2.2.1 历史学派的经济发展阶段学说

历史学派创始人——德国著名经济学家李斯特（Fridrich List）首次完整系统地提出经济发展阶段理论。在充分吸收亚当·斯密经济发展3阶段（狩猎社会、畜牧社会、农业社会）划分理念后，李斯特按照一国国民经济中的主要产业特点，将经济发展阶段划分为狩猎时期、畜牧时期、农业时期、农工时期、农工商时期5个时期，他认为落后国家不能盲目实行自由贸易主义、自由市场经济，而应通过国家干预和实行保护主义政策，保护、扶持特定的产业，使这些产业得到有效的发展，才能实现国民经济的快速发展，追赶上经济发展较高阶段的国家。他强调保护主义政策是使落后国家追赶先进国家唯一的方法，同时认为完全排外也是不可行的。显然，李斯特按国民经济主要产业替换特点来划分经济发展阶段，并注重产业扶持的思想，实际是区域主导产业理论的基础。

### 2.2.2 罗斯托的经济发展阶段理论与主导产业思想

20世纪50年代，美国发展经济学家罗斯托（W. Rostow）集历史学派、制度学派、创新理论等于一体，将经济发展阶段理论发展到极致，为区域主导产业理论的形成奠定坚实基础。罗斯托是最早提出主导产业理论的经济学家，他将经济史和经济理论结合起来研究，其经济发展阶段理论和非总量的部门分析法自成一派。1951年，罗斯托在《经济成长的过程》一书中考察了经济成长的演变过程，将经济发展阶段划分为5个阶段；1959年，他在《经济成长的阶段》一书中对这5个发展阶段分章做了翔实阐述；1970年，他在《政治和成长阶段》一书中再次扩展经济发展阶段，补充“追求生活质量阶段”，共6个阶段，即传统社会、为起飞创造前提阶段、起飞阶段、向成熟推进阶段、高额群众消费阶段和追求生活质量阶段。罗斯托认为，经济成长的各个阶段都存在相应的起主要作用的产业部门（如表2-1所示），也即主导产业，经济发展的过程实质是主导产业不断更替转换、带动经济不断向更高阶段发展的过程。他反复强调主导产业部门在“起飞阶段”中对整个国民经济所起的重要作用，要将有限的资金用来发展关联性强、带动性大、增长率高的主导产业，按照经济发展实质是产业部门的扩张过程的观点，主导产业的发展将带动整个国民经济的发展。

**表2-1 经济发展阶段主导产业（群）演进**

| 经济发展阶段 | 主导产业（群） |
|---|---|
| 为起飞创造前提阶段 | 食品业、饮料业、砖瓦业等 |
| 起飞阶段 | 纺织业 |
| 向成熟推进阶段 | 钢铁业、煤炭业、电力业、化工业等 |
| 高额群众消费阶段 | 汽车业 |
| 追求生活质量阶段 | 服务业、城市和城郊建筑业 |

罗斯托认为，随着科技发展和社会分工日益深化，带动经济发展的主导产业部门往往是几个甚至是更多产业共同发挥作用的结果，罗斯托将这些主导产业形

象地称为“主导部门综合体”。他提出主导产业的主要特性有 3 个方面：一是能依靠科技创新获得新的生产函数；二是具有高速增长的增长率；三是扩散效应强。罗斯托对主导产业的扩散效应做了具体阐述，扩散效应主要包括回顾效应、前瞻效应、旁侧效应 3 个方面，他以创新为基点来考察主导产业通过扩散效应影响整个产业系统，推动产业结构调整，促进经济发展。主导产业往往须具备 4 个条件：一是社会对该产业的需求较大，也即需求弹性较大；二是该产业必须在国民经济中占有重要的地位，拥有发展潜力和较为雄厚的资金；三是该产业具备一定的技术创新能力；四是该产业具有较强的产业带动作用。罗斯托强调一国主导产业部门序列不能随意选择，而应该根据经济发展阶段由低到高的特点来确定合理的主导产业部门，并且主导产业的转换更替遵循一定的顺序，其根本动力来源于技术进步。

罗斯托继承非平衡增长的理念，并借鉴结构主义的基本思想，将其应用于区域主导产业发展演化研究中，为主导产业理论提供一般性分析框架。就非均衡增长理念而言，主导产业的高供给与需求价格弹性意味着供给形成了较大的需求动力，有助于促进各产业的增长；就结构主义基本思想而言，主导部门还有高需求收入弹性，能实现市场规模的不平衡增长。实践证明，罗斯托的经济发展阶段理论对于世界各国均有较强指导意义，它反映出一国或地区产业结构演化过程的一般规律，对现实经济发展，尤其是对发展中国家经济发展具有重要借鉴意义。

## 2.3　产业关联理论

产业关联理论主要分析产业链条的供给和需求所产生的投入产出关系，从而为经济预测、计划制定、政策研究、经济分析和经济控制等提供有效的分析方法。赫希曼最早将关联度概念引入产业结构研究。他认为在现实经济中，各经济部门之间相互关联，尤其是经济部门投入引致的变动使得产出发生相应变动的现象，需要采用投入产出模型进行分析。赫希曼将产业部门间关联效应按投入产出过程中输入和输出的不同，划分为“前向关联”、“后向关联”。前向关联是指一部门与对其投入的各部门之间的联系，反映出产业部门在投入过程中对其他产业的依赖程度；后向关联是指一部门与消耗其产出的各部门的联系，反映出其他产业部门对本产业产出的依赖程度，借用投入产出系数表分别测算其关联性大小。

日本学者根据各产业总产品与最终产品关系，构建列昂惕夫矩阵，并借鉴赫希曼的产业关联概念与测算方法，提出一套新的评价产业关联度的方法。

对应于赫希曼“前向关联”、“后向关联”概念测算产业关联效应分别是感应度系数、影响度系数，具体测算公式分别为：

$$感应度系数(RF_j) = \frac{该产业横向逆阵系数的平均值}{全部产业横向逆阵系数平均值的平均} = \frac{\sum_{i=1}^{n} r_{ij}/n}{\sum_{i=1}^{n}\sum_{j=1}^{n} r_{ij}/n} \quad (2-1)$$

$$影响度系数(RB_i) = \frac{该产业纵向逆阵系数的平均值}{全部产业纵向逆阵系数平均值的平均} = \frac{\sum_{j=1}^{n} r_{ij}/n}{\sum_{j=1}^{n}\sum_{i=1}^{n} r_{ij}/n} \quad (2-2)$$

感应度系数反映了该产业对其他产业的依赖程度，影响度系数反映了该产业对其他产业的带动作用。感应度系数、影响度系数值越大，表明该产业在区域产业体系中影响带动性越大、关联度也越高，在区域产业结构演变中所起作用越大。

产业关联分析是分析经济活动中各产业中间的技术经济联系，它包括前向关联、后向关联和旁侧关联。产业关联强度成为选择和确定主导产业的一个基本准则，在进行区域主导产业研究时，主要利用投入产出法中的影响力系数和感应度系数来衡量、分析和反映产业关联强度，确定地区主导产业。

## 2.4 区域产业结构理论

区域产业结构理论主要有赤松要的雁行发展模式理论、刘易斯的城乡二元结构理论、配第—克拉克定律、弗农的生命周期理论，结合我国学者在这方面的研究成果，以下主要对区域产业结构调整和演变理论作分析和总结。

### 2.4.1 区域产业结构调整

产业结构调整包括产业结构合理化和高级化两个方面。产业结构合理化是指各产业之间相互协调，有较强的产业结构转换能力和良好的适应性，能适应市场需求变化，并带来最佳效益的产业结构，具体表现为产业之间的数量比例关系、经济技术联系和相互作用关系趋向协调平衡的过程；产业结构高级化，又称为产业结构升级，是指产业结构系统从较低级形式向较高级形式的转化过程。产业结构的高级化一般遵循产业结构演变规律，由低级到高级演进。

（1）区域产业结构调整的原则。区域产业结构合理化是区域产业结构调整优化的目的所在，而要实现这一目的须遵循以下几个基本原则：第一，发挥区域比较优势原则。区域产业结构调整过程中要把握区域发展优势，建立充分体现区域优势的产业结构。区域优势包括绝对优势与比较优势，绝对优势是基于区域自身资源禀赋、制度积淀等在某一方面发展某一产业较具有绝对优越的条件；相对优势或比较优势则是基于区域间社会分工、外部发展环境、政策制度、市场容量等相比其他区域发展某些产业具有的优势，比较优势是动态的。因而，区域产业结构调整发挥区域比较优势原则也是“以我为主、兼顾他人”的集中体现。第二，自主发展原则。区域产业结构调整过程中，不仅需建立体现区域优势的产业结构，还必须按照区域专业化分工要求形成一个自主发展的区域产业体系。具体而言需从以下3个方面着力：一是区域产业结构不能过于偏重某一产业或某一类产业，而应综合经济发展、自主全面发展的目标，选择具有主导能力的产业，避免“大而全、小而全”的重复建设；二是要从产业集聚效应、外部效益、社会稳定等角度断明区域产业结构的合理性，实现自主综合发展、相互协调的目标，提高区域经济效益以及全国国民经济的整体效益；三是区域产业结构调整要以主导产业发展可持续为途径，具有促进区域经济可持续发展的功能。第三，可持续发展原则。区域产业结构调整直接目的是实现产业结构优化，实质上是要保障区域经济、环境、社会的可持续发展。因而，综合考虑区域自然资源禀赋、社会文化环境、生态承载能力、经济发展阶段等方面是正确实施产业结构调整的关键，在产业调整过程中，绝不能顾此失彼、追求短期利益而忽视区域产业发展的可持续性。第四，市场需求导向原则。市场需求基准也是区域主导产业选择重要评价指标之一，是在产业结构调整中选择有发展潜力的产业作为区域经济增长点的重要基准。以市场为导向原则要求区域在充分发挥优势的同时，不断适应区域内市场、国内市场以及新兴市场发展需要，调整产业发展重点，加快发展市场容量大、技术含量多、产业关联度高、带动作用强的产业，培育区域新的经济增长点。

（2）区域产业结构调整的方向。区域产业结构调整的方向主要从5个方面展开：一是区域产业结构调整的目的是服务于区域经济发展战略，区域经济又是整个国民经济的组成部分，也即区域产业结构调整需在国家经济发展战略和整体产业结构调整背景下实施，因而，区域产业结构调整方向首先是要保持与国家产业结构调整方向相一致；二是要把区域资源优势整合到相应主导产业中，充分发挥区域产业比较优势，突出自身特色，避免与其他区域产业结构重构，尽量做到“人无我有、人有我强、人强我优”，大力发展比较优势产业；三是区域产业结构是否具备合理的区域专业化分工能力，换言之，要考察区域产业结构能不能为国家整体产业结构优化发挥自身产业优势，做出独特的贡献，承担地域分工、区域专业化分工的重任；四是区域主导产业、基础产业、战略产业、支柱产业、先导产业关系是否协调，主导产业关联性、带动性、增长性等特性是否具备，战略产业选择与布局是否合理，支柱产业发展时限等；五是区域产业技术创新能力是否强，即区域产业结构转换应变能力是否强大，能否有效利用区域内外资源、机遇等积极因素，使其成为区域产业结构优化的动力因素与稳定因素，能否有效抗击区域外消极因素，实现区域产业结构健康、稳定、可持续发展。

区域产业结构调整方向具体而言首先要定位准确，保证产业结构调整方向与国家产业结构调整方向相同，自觉承担国家区域专业化分工任务。其次选择科学合理的区域主导产业并优先发展主导产业，增强区域产业结构转换应变能力，强化主导产业对区域经济发展的辐射能力。再次在积极培育主导产业的同时，还应大力发展战略产业，加快传统产业改造升级。最后不断优化区域产业布局，促进经济、社会、生态环境三者协调发展。

（3）区域产业结构优化。产业结构优化是通过产业结构调整，实现产业结构的合理化和高度化，是产业结构动态调整的过程与目的。区域产业结构合理化与高度化相互联系、相互促进。学界对产业结构合理化含义众说纷纭，至今尚未有公认能接受的定义。较具代表性的产业结构合理化观点有以下几种：第一种观点集中表现为，产业结构合理化是产业结构优化的核心，可以反映产业结构变动的全部内容。第二种观点认为，产业结构合理化是产业内总供给与总需求达到相对均衡的一种状态。这种观点是信奉亚当·斯密提出的市场这只“看不见的手”的调节作用，认为产业结构调整是一个自发过程，无须政府干预。该观点存在两个致命缺陷：一是忽视市场失灵，区域间或国际产业结构调整过程中政府干预、制度等的作用；二是容易掩盖产业各要素在产业间低效配置或不合理配置的状态，不利于经济社会福利的改善。第三种观点认为，产业结构合理化是产业间按一定比例发展的规定。持这种观点的学者往往陷入产业结构调整朝向均衡发展的陷阱，背离现实区域经济发展不均衡的现状，并且这种比例的制定没有科学依据，操作性与可行性较差。第四种观点根据国际产业结构演化规律来判断区域产业结构合理化程度，参考性较强，也较具影响力。美国经济学家钱纳里（Hollis B. Chenery）通过世界发展模型计算出“标准结构表”，为世界各国研究经济发展和产业结构变化提供参考。钱纳里的观点也是产业结构合理化含义 4 种观点中较为科学的一种解释。由以上 4 种典型的观点可以看出，产业结构合理化不仅是产业结构供给与需求、关联性等状况的集中表现，也是综合反映区域产业结构状况的重要评价指标。

综观国内外有关产业结构合理化研究的理论与实践，评价区域产业结构合理化的基准主要有以下几个维度：一是是否充分利用区域内外两个市场和两种资源，也即区域产业结构是否充分利用区域外各类资源优势，发挥自身优势，紧紧契合区域内外两个市场供需结构；二是区域内各产业部门是否协调发展，基础产业、先导产业、主导产业、支柱产业、战略产业结构与关系能否保障社会再生产的顺利进行；三是区域产业结构是否与需求结构相适应，需求结构决定产业结构，产业结构是否具备一定的应变转换能力；四是是否承担起区域专业化分工责任，为促进国家产业结构优化做出独特贡献；五是是否具备一定技术创新能力，有利于产业结构升级向高度化推进；六是是否有助于区域经济、社会、生态环境的可持续发展。

（4）区域产业结构的高度化。区域产业结构高度化是一个相对的发展演化概念，是指区域产业向更高层次发展的过程，尤其是向高加工深化和高附加值化发展。产业结构高度化历经三个发展阶段：第一个阶段是产业结构的重化工业化阶段，这也是世界经济和工业化发展初级过程中重化工业在产业结构中占比不断增加的过程；第二个阶段是高加工度化阶段，随着经济进一步发展和工业化的深化，加工组装工业占比不断上升，同时工业体系也逐步过渡到生产高级复杂产品为主的阶段；第三个阶段是知识技术高度密集化阶段，是知识技术密集型产业在产业结构中占比不断增加的过程，也是产业向高附加值发展演化的阶段，工业体系各产业部门多采用高、精、尖技术，知识技术密集型产业迅速兴起。

区域产业结构高度化集中表现在两个方面：一是在产业结构合理化基础上产业结构优化过程；二是区域产业向高加工度化、高附加值化、知识技术集约化发展演变。

区域产业结构调整政策是政府干预产业结构演化的重要手段，也是实现区域产业结构优化的重要保障。主导产业培育发展政策是区域产业结构调整政策的核心内容，战略产业、瓶颈产业、幼稚产业扶持政策以及支柱产业政策、产业规制政策也是区域产业结构政策的重要组成部分。综合整理区域主导产业选择和培育的研究结果，为保障区域主导产业的健康、快速发展，主导产业政策主要集中在以下几个方面：

1）技术引导支持政策。随着市场化的提升，产业结构变迁对经济的推动作用逐渐让位于技术进步，提升技术创新能力已经是经济持续发展的必然选择。基于此，对区域主导产业的技术引导支持政策尤为必要。主导产业部门的技术发展要求高，投资需求大，为此必须加快设备更新、技术引进吸收、集中资金攻克技术难题。同时，主导产业与高技术产业密切相关，其技术主要来源于自身研发和外部技术合作、引进，自身研发技术需要政府建立完善的知识产权保护法律法规，外部技术合作、引进需要政府为技术的推广和应用尤其是基础研究、共性关键技术做出政策支持，加强官产学研合作机制的支撑政策构建。

2）主导产业外部环境改善政策。良好的产业外部发展环境是区域主导产业培育的关键环节之一，这要求政府完善市场机制，消除各种不利于主导产业发展的行政壁垒、制度壁垒；要求政府构建有效的经济、社会、自然协调发展机制，充分发挥自身优势，促进主导产业发展、社会和谐、生态环境承载能力强三者良性互动；建立健全投融资机制，完善风险投资，引导民间资本集聚于主导产业发展。

3）主导产业扶植保护政策。对区域内尤其是一些落后地区、经济欠发达地区、边缘地区，应选择市场潜力巨大、增长性好、技术创新能力强、产业关联性高的产业，在良性竞争和区域分工合作、贸易协定许可范围内，通过制定相应的资金供给政策、税费减免政策、知识产权政策等制度安排，实现对其扶植保护的目的，促进其快速发展。此外，基础产业对主导产业具有重要的支持发展能力，优先发展基础产业亦是对主导产业扶植的重要途径。

4）主导产业发展的产品市场和要素市场干预政策。政府采用积极的财政政策干预主导产业产品市场，建立信誉良好的产品市场，直接扩大产品市场容量，将有助于刺激产业规模扩大，加快主导产业发展。为此，政府可制定相当规模量的采购计划，并为主导产业产品创建宣传、推广平台。在主导产业发展所需要素市场中，政府应制定有利于要素流入区域内的政策制度，为主导产业发展提供必要的基础条件。

### 2.4.2 区域产业结构演变

区域产业结构总是在一定自然条件、人口条件、市场条件、开放条件下演进发展的，并传导促进区域经济的发展变化。

区域自然资源禀赋是区域产业形成的基本条件，也是区域产业结构形成的基础条件之一。自然资源与区域产业结构演变的关系主要表现为：首先，自然资源是区域产业发展的基础。在技术水平一定下，区域自然资源的状况直接影响区域产业的发展规模，尤其是对于资源依赖型产业而言，自然资源具有决定性作用。其次，自然资源直接影响区域产业布局。纵观经济发展史，区域产业的分布特点与区域自然资源禀赋关系密切，随着技术进步的不断加快，这种密切关系才有所减弱但也不会完全消失，自然资源仍将是影响区域产业分布的重要物质基础，尤其对于农业产业布局、矿产能源开发与工业布局等以及有较强关联效应的交通运输业等产业，均与区域自然资源状况关系紧密。最后，自然资源对区域产业结构的影响呈现阶段性特点。在区域经济发展的不同阶段，区域产业结构与自然资源关系或者说自然资源对区域产业结构的影响将随着经济发展阶段向更高级转化而逐步减弱，但不会完全消除。

劳动力资源是指具有一定劳动能力的人口资源，其对区域产业结构演变的影响主要体现在劳动力数量与质量两个方面。劳动力较为丰裕的地区通常在确立主导产业中会充分考虑劳动力优势，将就业基准作为选择主导产业的重要基准之一，因而一般会选取大量劳动密集型产业作为区域主导产业，使区域生产要素得到合理配置。劳动力资源不同于自然资源，劳动力资源具有一定流动性、不稳定性特点，对区域产业结构的影响也表现出诸多不确定性，尤其是发展中的大国，区域劳动力流向总是由经济落后的欠发达地区流向经济较为发达的地区，且这种流向是无视就业结构与产业结构是否匹配进行的，表现为大量劳动力资源“潮涌”般地流向经济繁荣的城镇。所以对于经济落后的欠发达区域而言，劳动力资源丰裕并不意味着该区域真实拥有较为优越的劳动力资源优势；相反，那些劳动力资源原本较为稀缺的区域却因经济较为发达、制度较为优越而吸引大量优质劳动力资源流入区域内，集聚劳动力资源优势，为区域产业结构升级转型提供良好的外部条件。

区域市场供给与需求水平直接影响产业结构的形成与演变。消费结构由私人消费结构、政府消费结构共同构成，消费结构因区域文化、制度以及经济发展阶段产生差异，直接影响区域产业结构演变。居民的消费结构区域间、区域内也存在一定差异性，居民消费受自身收入水平状况影响，也受特定环境下文化、政治、制度的影响。在经济发展较低阶段，生产力水平低下，区域产业的供给结构决定消费结构；在经济发展较高阶段，生产力水平较高，区域消费结构决定产业的供给结构，也即区域消费需求结构决定产业结构。

区域对外开放程度从外部环境影响区域产业结构演变。对外开放是区域产业结构升级的重要动力，有利于区域间分工的深化，促进产业的协调发展。对外开放会强化竞争、扩大市场规模，竞争促进区域间分工的深化，由于分工深化将进一步凸显区域产业的比较优势，区域内资源向配置效率高的产业转移，并促成区域主导产业的形成，从而促进产业结构发生变化。区域开放程度的提升，对于改变区域间因市场分割导致的生产要素流动障碍现状具有重要缓解作用，有利于促进区域一体化、全国统一的、全球一体化的要素与产品大市场，促进资源的优化配置，从根本上推进区域产业结构的演变。

（1）区域产业结构演变的时空规律。区域产业结构演变在时间与地理空间上呈现规律性的特点。

区域产业结构演变的时间规律。区域产业结构随着资源开发的深入、要素的流动、技术水平的提升等呈现出规律性的变化，即第一产业产值占整个产业系统总产值的比重不断下降，第二产业则先逐步攀升，到一定比重后又有所回落，第三产业占比呈现不断提升的态势，但提升的速度呈现逐步下降的趋势。在区域产业结构演变的时间规律方面研究颇具影响力的学者有威廉·配第、克拉克、钱纳里、西蒙·库兹涅茨，其代表理论为配第—克拉克定律、钱纳里规律、库兹涅茨规律。

英国著名经济学家威廉·配第研究了劳动力在农业、制造业、商业间转移的规律，后来克拉克在威廉·配第研究的基础上进一步深化了劳动力在各产业部门间的流动转换规律的研究，指出劳动力在收入刺激下由第一产业向第二产业流动，并逐步从第二产业向第三产业转移，结果第一产业的劳动力人数不断减少，第二产业劳动力占整个产业系统总劳动力人数的比重先增加后减少，第三产业则持续增加。

美国经济学家钱纳里在考察世界准工业国经济发展与产业结构变化关系时发现，产业结构演变是促成经济发展向更高阶段跃升的直接动力。从经济发展的经历阶段与产业结构演变的时间看，第一阶段的传统社会阶段向第二阶段工业化初期过渡升级过程中，产业结构以农业为主体；经济发展从第二阶段向第三阶段工业化中期过渡升级过程中，产业结构由农业为主向以劳动密集型产业为主转变；经济发展从第三阶段向第四阶段工业化后期过渡升级过程中，产业结构由劳动密集型产业为主向资金密集型产业为主转变；经济发展从第四阶段向第五阶段后工业化社会过渡升级过程中，产业结构由资金密集型产业为主向新兴服务业为主转变；经济发展从第五阶段向第六阶段现代化社会过渡升级过程中，产业结构向技术密集型产业为主转变，最终转变为以智能密集型和知识密集型产业为主的产业结构。

美国经济学家西蒙·库兹涅茨就经济发展阶段中国民收入与劳动力就业变化和产业结构演变关系进行了研究，得出一些规律性的结论。农业实现的国民收入与吸收劳动力就业占比随着经济发展阶段的升级，处于不断下降的态势，工业实现的国民收入呈现上升趋势，劳动力就业情况则与经济发展水平关系紧密，第三产业实现的国民收入与劳动力就业占比逐步攀升。

区域产业结构演变的地理空间规律。在考察区域产业结构演变的地理空间规律时，需引入区域经济发展的阶段规律作为研究的基准，结合空间结构理论研究特点，可以将经济发展阶段界定为农业经济占绝对优势阶段、工业化初期阶段、工业化中期阶段、工业化后期及后工业化阶段共 5 个阶段来逐一研究区域产业结构演变的地理空间规律。

在农业经济占绝对优势阶段中，区域间经济发展较为均衡，道路网等空间经济结构构架尚不明显，未形成明显的发展轴，由于农业的经济活动空间狭小，居民点之间也未形成等级—规模体系。在工业化初期阶段中，农业得到较快发展，工业开始繁荣发展，区域间经济发展的不平衡性开始显现，一些地区仍处于农业经济占绝对优势的阶段，一些地区已经实现向工业化的过渡，一些地区工业得到较快发展，区域间形成一定的空间经济发展梯度，区域的城镇居民点逐步形成等级—规模体系，“点—轴”状态开始成型，中心地等级特征凸显。在工业化中期阶段，区域间经济发展的不平衡性加剧，居民点“点—轴”系统特征明显，在产业集聚、产业集群等集聚因素推动下，区域间或区域内大城市甚至是特大城市、城市圈呈规模发展态势。在工业化后期及后工业化阶段中，生产率水平远超过人口增长率水平，经济发展的回浪效应扮演重要角色，区域间经济发展的不平衡性逐步得到缓解，“点—轴”系统等级空间结构进一步完善优化，等级差别趋于平滑，空间集聚现象为分散平衡现象所取代，各区域专业化分工合作进一步加强，各区域间产业协调发展，产业结构不断优化。

（2）主导产业发展与产业系统演进。综合现有的研究成果，主导产业发展与产业系统的有序演化密切相关。

从主导产业发展与产业系统的有序演化的本质看，技术创新是一切发生的动力源。技术创新带来的生产函数，大幅提升生产率，催生新兴产业的形成，随着市场需求结构的变化，新兴产业逐渐为社会所接纳，并得到政府政策的扶持、获得更多优势资源，主导产业的战略地位在区域得以确立。伴随着技术的不断进步或变革的发生，主导产业内部不断发生分化，催生出新兴的产业，如此往复下去，促成主导产业的不断产生、发展与演进，也促使产业系统有序演化。

（3）区域产业的协调发展。现有研究表明，区域产业的协调发展主要是处理好主导产业与其他产业的发展关系，要把区域产业结构调整为以主导产业为核心，其他产业部门有机联结发展、部门之间比例协调的系统，最大限度地获得集聚效应，发挥自身比较优势。

区域产业的协调发展要求使区域产业结构呈现一定产业生命周期规律。先导产业、主导产业、支柱产业、夕阳产业按产业周期发展依次对应于产业初创期、成长期、成熟期、衰退期（如图2－1所示）。

此外，区域产业的协调发展还必须以区域间产业结构的“耦合”为前提，以国家产业结构调整、产业布局为指针，充分体现区域专业化分工的责任与优势。对发展中的大国而言，全国产业结构优化是以区域间产业结构协调发展为基础的，倘若各区域产业布局各自为政，势必造成在全国范围内产业结构趋同，区域专业化程度降低、分工合作机制缺位，最终导致全国产业结构的不协调、不合理，资源配置的低效。

综上所述，本书认为：区域经济发展与区域产业结构变化密切相关，在某种

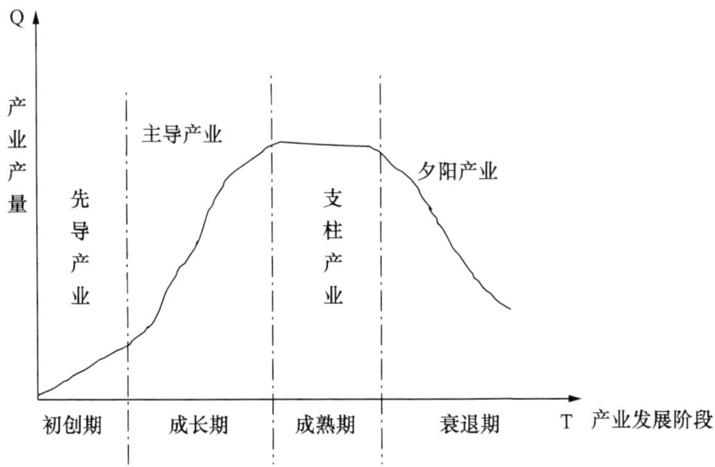


**图 2－1　产业生命周期**

意义上区域产业结构变动与区域经济发展变动相伴而生。区域产业结构变动又以区域主导产业的产生、成长、发展与衰退为主要内容，因而，区域经济发展又与区域主导产业的发展演进有着千丝万缕的关系。区域经济发展理论的构建与发展，始终孕育着主导产业思想甚至是主导产业理论。通过对经济发展理论均衡增长理论、非均衡增长理论、经济发展阶段学说、区域分工理论的系统梳理，为研究边缘地区主导产业选择、培育成长机制提供了理论依据。产业关联理论是主导产业理论的重要内容之一，关系区域主导产业选择基准及指标体系构建、区域产业结构调整的深度与广度等。产业结构调整是产业结构优化的重要手段，主要通过对主导产业的调整实现，区域产业结构演进也主要通过主导产业演进过程得以体现。

# 第 3 章

# 边缘地区主导产业形成机理

## 3.1 边缘地区经济发展特殊性

区域发展的不均衡现象是长期存在的一种动态过程，边缘地区是区域不均衡发展的直接结果。远离市场、地理条件不利、贫困和要素流出、社会经济变迁、全球化等都会导致边缘地区的产生。作为区域经济边缘的边缘地区，随着与经济中心的逐步远离，其经济类型和质量在整个区域经济体中变得愈来愈淡化，和经济中心相比，边缘地区的经济非典型性比较明显。

李红（2003）在《边缘化城市的发展》中指出经济边缘化是指某个地区的集聚能力下降，企业、资金、人才、技术等生产要素被更大的中心或经济体吸走，致使该地区经济、政治、文化之影响力日趋减退，最终被排斥到主流经济之外，显示出日益边缘化的趋势。边缘化的主体和根源仍然是经济衰退，同时还伴随着社会和人文等其他方面的衰退。

### 3.1.1 边缘地区经济边缘化的表现

边缘地区经济边缘化主要表现为边缘地区经济基础薄弱、空间演化过程缓慢、区域经济技术基础薄弱、城镇体系发育不良、城市的竞争力较弱；GDP 等主要社会经济指标增长缓慢，在行政区域内和全国比重持续下降，经济发展水平与主流地区的差距拉大；居民生活与地方社会经济运转方式和地方社会心理明显滞后于同期发达地区。

### 3.1.2 边缘地区经济边缘化产生的原因

边缘地区经济边缘化产生的原因主要有不利的区位条件和较高的交易成本、落后的历史基础和路径依赖机制、市场机制的作用、非均衡发展战略的影响。

边缘地区一般位于行政区交界地带，远离经济、政治中心，受益于这些经济发达地区的机会相对较少，因此在进行行政区社会经济布局时也因其位置偏僻而很少被顾及，同时由于受政府行为干预、行政分割和市场分割，生产要素流动受阻，发展受到抑制。边缘地区经济合作与发展不仅涉及同一行政级别政府之间的协调，而且涉及不同行政级别政府之间的协调，而不同行政区内不同行政级别的政府如果要进行协调，其“协调成本”和“交易成本”很高，可能导致合作效益远远小于合作成本，最终结果是合作各方的不合作，或先合作后不合作，区域发展处于恶性竞争和无序状态。

由于边缘地区一般都处于边缘地带，经济基础薄弱，以传统的粗放型农业为主，工业力量薄弱；加上区域文化保守，教育和培训水平较低，使得边缘地区经常通过自我强化机制形成发展路径依赖，陷入“贫穷恶性循环”，造成区域发展的边缘化。

在全球化背景下，资金、技术、劳动力等生产要素受市场机制比较利益驱动，由落后地区流向经济较发达地区，产业、经济活动转向具有比较优势的城市和区域，生产、服务进入具有区位优势、便捷交通和对外联系较强的城市与区域，同时促进了这些城市的基础设施进一步改善，加速其融入经济全球化进程。而外围地区由于受经济基础和区位因素等限制，一般不会被作为发展的重点，加之缺乏核心城市的辐射带动作用，致使投资环境改善缓慢，吸引外资有限。循环积累导致强者愈强，弱者愈弱，地方城市和区域如果不制定正确的发展方略则面临着日益衰落的境地。

国家的宏观政策和区域政策作为制度安排的重要组成部分，对一个区域的发展也有很大影响，而且在资本、劳动力等要素投入、开放和市场化程度、产业结构、人力资本、工业化和城市化水平等诸多因素中，政府的发展战略和区域发展政策是经济发展差距形成和扩大的重要因素。

近些年国家非常重视协调区域经济发展、缩小地区差距，但效果不明显。究其原因，地理条件和历史文化上的差异是不可否认的客观事实，但在非均衡发展战略实施过程中所形成的路径依赖是阻碍经济协调发展的隐性因素，其影响具有持续性。

### 3.1.3 主导产业对边缘地区经济发展的重要意义

主导产业是非均衡增长论的典型产物，这是因为主导产业部门在工业化初期

具有显著的“极化”作用，促使地区资金、劳动力、信息、制度等要素资源向该部门集聚，通过回波效应、极化效应对经济发展产生积极影响。边缘地区主导产业通过产业部门的“极化”与“扩散”作用，对地区经济发展、国家经济发展具有突出贡献，对改变边缘地区经济边缘化有着重要意义。

第一，有利于推进边缘地区资源的合理配置。边缘地区主导产业选择的基础是基于区域内生产要素、自然资源禀赋等条件的考虑，充分发挥自身优势。主导产业选择本身具有促进区域内各类资源向效益前景好、附加值高、增长潜力大的产业部门转移配置的功能，使得原本分散、弱小的资源集聚于资源配置效率高的产业经济部门，放大主导产业资源集聚效应，强化主导产业资源配置能力。

第二，对主导产业的扶持培育，能够带动区域内甚至是区域间经济的快速增长。罗斯托指出，经济发展过程实质上是部门成长过程，并且总是始于主导部门。区域产业结构的合理与否，事关区域经济发展水平及区域间的经济和谐程度。区域产业结构问题是区域经济问题研究的核心，也是区域主导产业的选择过程（江世银，2004）。边缘地区主导产业处于区域整个产业链的关键环节，牵一发而动全身，且主导产业具有较强的关联性、带动性，在区域产业系统中扮演“火车头”角色，对区域产业结构调整优化，实现产业结构的合理化、高度化具有重要引导与促进作用，是区域经济发展的驱动器。实践表明，区域经济增长过程实质是主导产业部门不断更替演进过程，边缘地区经济增长与主导产业演进相伴而生。边缘地区主导产业通过增长“极化”效应集聚优势，并通过“扩散”作用波及关联产业，将优势以及资源传递给整个产业系统，具有产业结构调整优化的功能。

第三，主导产业的发展有助于提升边缘地区自主创新能力，对边缘地区产业系统的转型升级具有重要的推进作用。主导产业集聚各类极具优势的生产要素与自然资源，具有一定的规模效应，势必增强边缘地区产业技术创新能力，对边缘地区创新环境的优化产生较强的示范效应，同时技术创新能力的不断积累，会加速传统产业的改造进程、有利于整个产业系统的升级。边缘地区创新能力的不断积累，将改善边缘地区在区域间的专业化分工状况，进一步优化边缘地区产业结构。

第四，边缘地区主导产业发展有助于边缘地区经济、社会、环境的协调发展。边缘地区按照一定选择基准与依据筛选合理的主导产业过程中，通常会综合考虑人口、资源、环境、经济之间的协调发展，寻求它们之间发展的内在统一性，其结果必然有助于保持区域经济的健康、可持续发展。边缘地区主导产业的健康发展也将以经济、社会、生态环境的良性互动为基础，通过集聚经济资源、社会资源、生态环境资源推进主导产业演进，并分享主导产业演进带来的经济增长、社会发展、生态环境改善的好处。

## 3.2 边缘地区主导产业形成的约束条件

约束边缘地区主导产业形成的条件主要有资源禀赋与生态环境、区域市场需求能力、区域产业分工合作、经济一体化下区域产业发展政策。

### 3.2.1 资源禀赋与生态环境制约着边缘地区主导产业产生范围

资源禀赋与生态环境是边缘地区产业发展的基础条件，也是主导产业形成的重要基础条件。这是因为一方面边缘地区产业结构以工业为主体，第二产业占比较大，第三产业发展较为滞缓，且以高技术为主要特点的战略新兴产业、高技术产业在整个产业系统中零星点点，既不具备产业竞争优势，也不具备产业发展规模，相对而言，边缘地区工业的发展则在整个产业系统中具备一定竞争优势与产业规模，是主导产业的主要选择来源；另一方面，由于所处经济发展阶段原因，消耗大量自然资源、依赖生态环境是边缘地区工业生产发展的必要条件，因而，资源禀赋与生态环境既是工业发展的基础条件，也在很大程度上决定边缘地区主导产业的形成与发展。

资源禀赋与生态环境并非边缘地区主导产业形成的必要条件，其自然资源丰度优势也并非主导产业规模发展的保证，但资源禀赋与生态环境能影响到边缘地区主导产业的生产要素供给，是地区经济发展和产业布局以及实现区域分工的重要前提条件之一。事实上，边缘地区也不具有特别的资源丰度优势，人口众多、人均资源相对不足是一个基本区情。虽然依靠大量消耗能源，能发挥地区比较优势，推动边缘地区经济快速增长，但也使边缘地区经济增长越来越接近资源和环境条件的约束边界。经济发展走可持续道路已成必然，在两型社会建设要求下，产业生态化发展趋势渐趋清晰，这也为边缘地区主导产业选择提供了现实依据与政策依据。

### 3.2.2 区域产业分工与协作约束着边缘地区主导产业形成结构

从区域专业化分工看，边缘地区作为一个特殊的经济地理概念，在区域经济体中承担本区域社会化需求的同时，也需要承担区域专业化分工的职责。从边缘地区主导产业的关联性特征可以看出，主导产业不是凭空产生的，而是受到区域经济体相关产业的影响和制约。

区域产业分工与协作是区域经济一体化的基本要求，是统筹区域发展的关键之一，也是主导产业形成的辅助条件和必要条件。

区域间产业分工与协作其实质是区域产业在空间上的合理布局、区域主导产业的有序发展，其意义在于实现各区域的规模经济和集聚经济。区域间产业分工与协作也即各区域主导产业的协同发展，也要求各地区选择主导产业时必须充分考虑区域间产业结构特点，契合区域产业发展要求、发挥本地区优势，分享区域间分工与协作带来的好处。

就统筹区域发展而言，主要是按照全国经济“一盘棋”的要求，通过国家宏观政策体系和空间总体布局政策，突出各区域比较优势，建立各具特色的、彼此分工协作的、层次分明的区域经济体，同时，国家主体功能区规划和省级主体功能区规划也约束了边缘地区主导产业的形成。

### 3.2.3 区域市场需求能力决定了边缘地区主导产业形成规模

区域市场需求能力是在一国乃至全球范围内，所有消费体对某种产品或服务产生的实际需要并且具备足够支付的能力。区域市场需求能力是边缘地区主导产业形成的先决条件，也是边缘地区主导产业选择的重要参考指标之一。边缘地区产业的区域市场需求能力越强越会成为主导产业的理想选择目标。

根据边缘地区产业对区域市场需求能力的影响程度，可以将边缘地区区域市场需求能力按区域范围划分为边缘地区市场需求主导型、国内区域市场需求主导型、国外局部市场需求主导型。边缘地区市场需求主导型对于边缘地区产业发展而言，其意义有两点：一是其是边缘地区主导产业形成的初始动力，具备边缘地区足够的市场需求能力，对于主导产业集聚地区优势、形成一定规模意义重大；二是边缘地区产业市场需求能力有助于主导产业在早期的形成。相对于边缘地区市场需求主导型而言，国内区域市场需求主导型和国外局部市场需求主导型的市场需求能力更强，这不仅是边缘地区主导产业形成也是边缘地区主导产业成长壮大的先决条件。

根据产业生产的产品满足社会需求的复杂性，可以将区域市场需求能力按产业提供的产品种类分为单一市场需求主导型和多元复合市场需求主导型两类。显而易见，单一市场需求主导型产业具备专业化生产优势，但当消费体对该产品产生消费厌恶感时即面临市场需求能力下降时，该产业市场应对能力不足，市场风险较大。这表明在一定时期内具备单一市场需求主导型的产业有可能形成一定优势，成为主导产业，但在长期内如果不采取多元化生产战略，极有可能失去优势甚至成为夕阳产业走向衰亡。多元复合市场需求主导型对产业健康稳定发展意义重大：首先，有助于降低甚至是规避市场需求风险；其次，有助于产业实施多元化生产战略；最后，有助于提升产业关联，加强边缘地区产业间的协同发展，有利于产业结构优化。由此可见，产业如具备多元复合市场需求主导型特点，在单一产品市场需求强度相同下，则该产业应成为边缘地区主导产业选择的优先目标。

### 3.2.4 区域产业发展政策限定了边缘地区主导产业形成的制度框架

全球经济一体化背景下，必要的政策制度供给已经是主导产业形成不可或缺的必要条件。基于边缘地区的经济一体化下区域产业发展政策体系（如图 3－1 所示）主要由边缘地区产业发展政策、上一级别行政区以及毗邻区域产业发展政策、国家产业发展政策以及国外相关产业发展政策组成。边缘地区主导产业形成的制度基础主要是边缘地区产业发展政策，边缘地区产业发展政策主要面向整个产业系统，其本质是面向主导产业。政策的制定以潜导产业、主导产业发展的特点为基础，以国家产业发展政策以及国外相关产业发展政策为框架，以上一级别行政区以及毗邻区域产业发展政策为参考和补充，以金融支持、税费优惠、市场规制等政策为主要供给内容，尤其是政策性金融的有效供给对农业和中小民营企业的发展尤为必要，这些都是主导产业形成与发展壮大的政策基础。

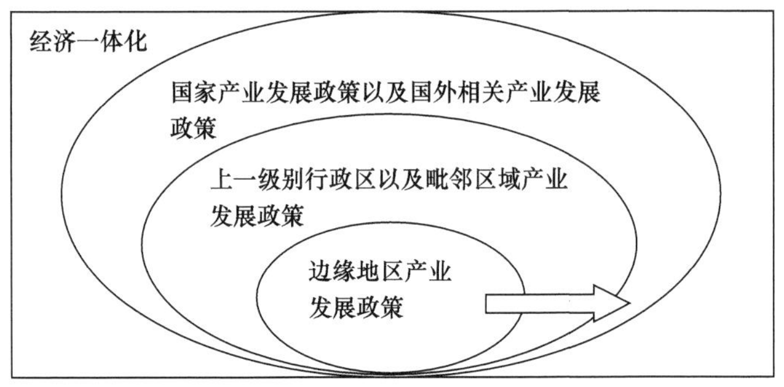


**图 3－1 基于边缘地区的区域产业发展政策体系**

需要指出的是，政府制定的各类用于主导产业培育发展的扶持政策并不构成主导产业形成发展的充分条件，这种扶持力度以及扶持期限均有一定限度。试想一个产业或产业集群若长期需要政府给予大尺度的财政支持、税费优惠、金融支持等政策，那么这个产业或产业集群就不可能是该地区的主导产业，甚至是不具有生命力的夕阳产业。政策制度是产业发展稀缺的资源，如不正确利用不仅将损害其他产业发展利益，也将通过这种损害的扩散效应、破窗效应危害整个产业系统，势必加剧寻租现象发生，不利于地区产业结构优化和区域经济发展。

## 3.3　边缘地区主导产业形成动因

边缘地区主导产业形成的主要动因有市场需求能力、经济持续快速发展、产业结构升级、产业技术创新这几个因素。

### 3.3.1　市场需求

市场需求是边缘地区主导产业形成的内生动力。市场需求决定了边缘地区主导产业最初的产业化，随着市场需求的扩大，主导产业才能一步步实现自身的成长、升级。

### 3.3.2　经济持续快速发展

经济持续快速发展是边缘地区主导产业形成的原动力。经济持续快速发展水平直接影响区域的产品需求与供给结构和水平，影响着产业结构与规模，只有满足经济持续快速发展要求的产业才能将其确立为主导产业。对于边缘地区而言，地区经济发展特点既依赖于产业结构的调整，也决定主导产业选择的基本方向，换句话说，边缘地区经济发展状况是主导产业选择基准及其指标体系确立的基本因素。因而，与其说区域经济发展特点是主导产业选择的基本条件，倒不如说区域经济发展在主导产业形成过程中有内在驱动的作用。

### 3.3.3　产业结构升级

产业结构升级是边缘地区主导产业形成的重要驱动力。根据配第—克拉克定律、钱纳里规律，产业结构升级的方向为第一产业产值占整个产业系统总产值的比重不断下降，第二产业先逐步攀升，到一定比重后又有所回落，第三产业占比呈现不断提升的态势。这为边缘地区主导产业的选择提供了理论依据，其应根据本地区经济发展阶段和资源禀赋特征，依次选择第二产业、第三产业作为主导产业形成更替的方向。边缘地区主导产业的更替演化与产业结构调整升级互为条件，产业结构升级是边缘地区主导产业形成与发展的重要动力，地区产业结构的演化实质是主导产业的选择、更替演化。

### 3.3.4　产业技术创新

产业技术创新水平是主导产业形成的重要推动力。一般而言，产业的技术创新能力越强，该地区主导产业层次也越高。创新驱动力既是产业形成、发展、壮大、衰亡的重要推手，也是产业结构优化升级的内在动因。一些经济学家提出产品及产业同生物一样，在发展过程中要经历创新、发展、壮大、衰老4个阶段。熊彼特的创造性毁灭学说也说明技术创新对产业发展的推进作用。主导产业作为一种比较特殊的产业形式，其产生、发展、壮大、衰亡过程同样遵循技术创新驱动规律。

综观三次产业革命，不难看出技术创新在产业结构调整、主导产业更替演化路径中的驱动作用。区域技术创新水平决定地区主导产业的层次，但技术创新并非影响区域产业结构的重要诱因，自主创新能力、技术创新扩散、较高的吸收创新能力才是左右地区产业结构升级的关键。在信息化时代，技术外溢极大地促进了技术的扩散，促使技术创新周期不断缩短，产业革命浪潮一浪高过一浪。主导产业作为地区产业结构的核心产业之一，其技术创新能力越高，采用新技术效率越快，其技术扩散效果越明显。这是因为，一旦主导产业获取了新技术，该技术通过前向关联、后向关联、旁侧关联效应将迅速扩散到与之相关联的上下游产业以及相关产业，起到节约技术研发和引进成本、间接加快各相关产业的技术创新速度的作用，提升整个产业系统技术水平。如此一来，整个产业系统技术水平在得到整体提升后，为主导产业新一轮的技术创新活动又提供了必要的协同创新和创新环境支持，从而加强整个产业系统的技术创新能力，同时，在竞合协同中使得一部分产业边界逐步模糊，推进各产业之间的融合发展，使得主导产业集聚优势进一步凸显。

## 3.4 边缘地区主导产业形成路径

### 3.4.1 基于产品市场优势的边缘地区主导产业形成路径

从基于产品市场优势的边缘地区主导产业形成路径看（如图3－2所示），第一阶段是本地企业基于资源占有或产品专门化形成的市场优势，地方政府基于财税、地方经济发展等考虑供给政策制度促进或保护地方产业的发展，但此时相对于中心地区大型企业而言仍然形势严峻，处于一种夹缝中求生存的状况；第二阶段政府将制定针对性更强的产业发展政策体系，促进有发展潜力的中小企业空间集聚，诸如纷纷设立经济开发区，中小企业基于优惠政策实现空间迁移；第三阶段政府将有选择性地设立特定的产业发展区域，促进中小企业的分工协作，中小

企业则会因为优越的政策环境和较为理想的经济地理条件获得快速发展，企业间上下游竞合关系进一步强化；第四阶段特定区域内不同规模的企业形成互补的共生关系，实现企业集聚向企业集群的转化；第五阶段政府将适时制定较为完善的有助于突出地方产业竞争优势的扶持政策促进企业集群的发展壮大，以此为基点选择并确立地区的主导产业。至此，边缘地区形成基于产品市场优势的主导产业框架体系。

中小企业集聚形成高度灵活的专业化生产协作网络，促进企业间的内在协同，进一步形成企业集群，企业集群在基本资源共享、人才引进、市场管理等方面具有较为清晰的发展思路，尤其是在贸易方面的依赖、隐含经验知识信息的交流，极大地促进企业联合创新、企业竞争力的提升，壮大了边缘地区主导产业。

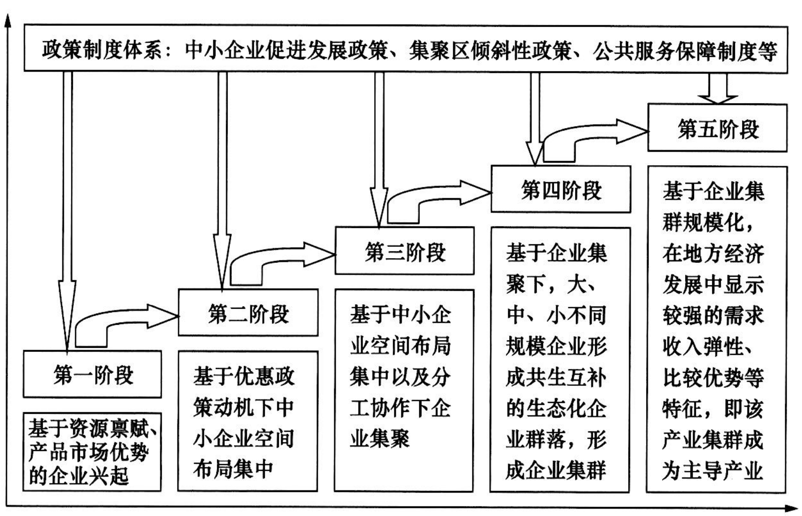


图3－2　基于产品市场优势的边缘地区主导产业形成路径

### 3.4.2　基于区域轮动、产业轮动背景下的边缘地区主导产业形成路径

从基于产业转移的边缘地区主导产业形成路径看（如图3－3所示），第一阶段是在产业轮动、区域轮动背景下，发达地区的资源要素和劳动力成本上升、产业利润空间压缩，发达区域的部分企业顺应区域比较优势的变化，通过跨区域直接投资，把部分产业的生产转移到边缘地区进行，这就有可能成为边缘地区主导产业形成的起点；第二阶段随着发达地区大项目、大企业的落地，边缘地区政府配以相应的软环境建设，此时的大企业有可能成为边缘地区的龙头企业，在供应链配置作用下，边缘地区会出现围绕龙头企业而生的配套企业发展，并在龙头企

业周围进行空间布局的集中；第三阶段政府将有选择性地设立特定的产业发展区域，创新园区管理模式和运行机制，促进基于龙头企业价值链配置的企业分工协作，龙头企业则会因为优越的政策环境和较为理想的经济地理条件获得快速发展，企业间上下游竞合关系进一步强化；第四阶段随着龙头企业的区域内外市场能力不断扩大，特定区域内不同规模的企业形成互补的共生关系，实现企业集聚向企业集群的转化；第五阶段政府将适时制定较为完善的有助于突出地方产业竞争优势的扶持政策促进企业集群的发展壮大，以此为基点选择并确立地区的主导产业。至此，边缘地区产业结构基本形成以主导产业为核心多产业为辅助的产业框架体系。

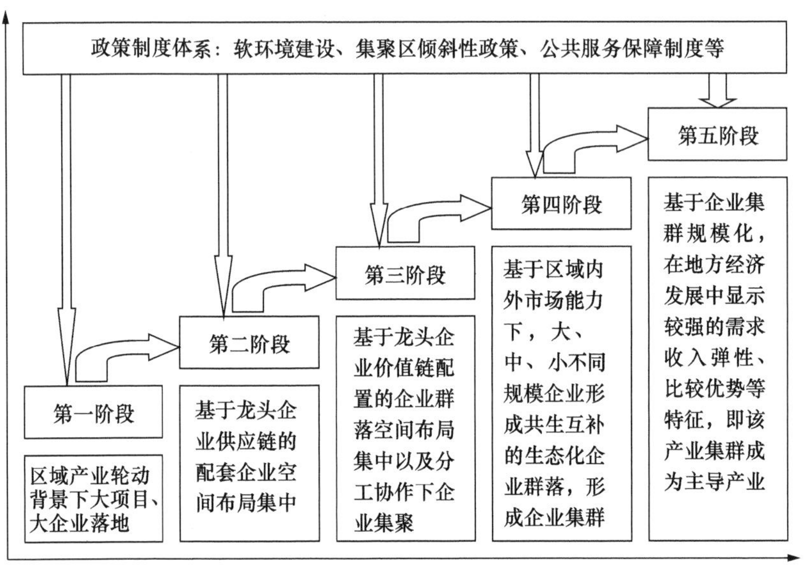


**图3-3　基于区域轮动、产业轮动背景下的边缘地区主导产业形成路径**

必须注意的是，要避免承接的项目或企业与本地企业之间的关系仅限于产品链的简单联系，与本地企业自主技术创新能力的提高不相关，本地化的根植性差等情况。这种产业承接致使本地企业只是充当产品加工的配角，处于产业集群内产品链的末端，只承担简单劳动分工；外来企业与本地产业联系弱，与当地相关产业前向、后向关联效应差，经济带动性不强，使本地企业边缘化加剧，生存空间被压缩，不利于当地产业系统的升级与优化。

同时，产业承接必须符合区域生态功能定位，不得盲目转入国家明令淘汰的落后生产能力和高耗能、高排放等不符合国家产业政策的项目，避免低水平简单

复制。边缘地区政府要将资源承载能力、生态环境容量作为承接产业转移的重要依据，加强资源节约和环境保护，推动经济发展与资源、环境相协调。

### 3.4.3 基于科技创新的边缘地区主导产业形成路径

基于科技创新的边缘地区主导产业形成路径是边缘地区主导产业形成的最有活力的路径（如图3－4所示）。虽然边缘地区在科技创新的软硬件环境上存在诸多障碍，特别是边缘地区原有经济发展路径的形成往往是由于区域位置不理想、资源利用不合理或者区域政策等影响，使得其低效率发展，薄弱的经济基础对于边缘地区高技术产业的发展起了极大的制约作用，但由于科技创新企业极其强大的活力和对其他企业的带动能力，仍然是边缘地区主导产业形成最有活力的路径。

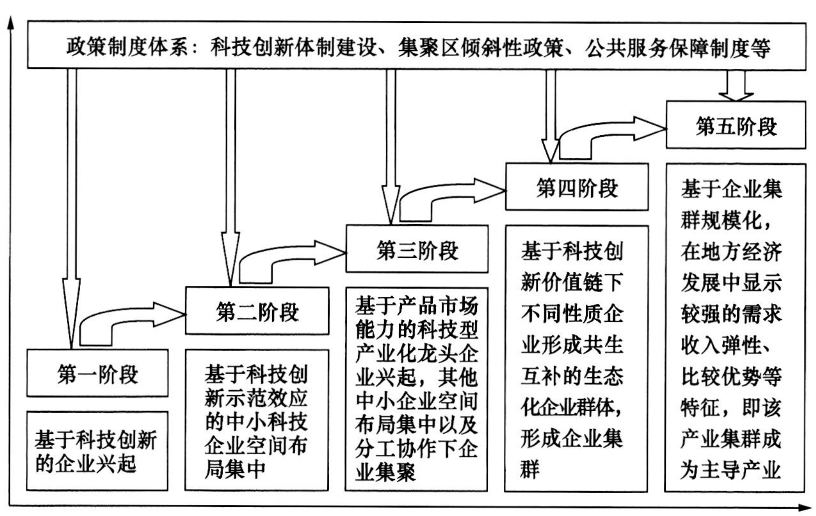


图3－4 基于科技创新的边缘地区主导产业形成路径

第一阶段边缘地区通过科技创业产业园区建设，大力引进高端创新创业人才入园发展，对创新能力较强的科技领军人才和科技创新团队按照相关政策给予长期稳定的科技经费支持，在土地供应、基础设施、资金匹配等方面予以配套；第二阶段创办各种类型企业孵化机构和为中小型科技企业服务的中介服务机构，并积极进行园区创新平台建设，由于园区产业特色鲜明，对本地及周边地区有较强的示范、引导、带动作用，从而使基于科技创新示范效应的中小科技企业进行空间布局集中；第三阶段经过对创新企业孵化培育，会产生若干具有较强的科技创新能力、创新团队稳定、经济社会效益显著的产业化龙头企业，随着基于产品市场能力的科技型产业化龙头企业兴起，其他关联中小企业围绕龙头企业进行空间布局集中、产业关联以及分工协作下产业集聚；第四阶段在科技创新价值链下不同性质企业形成共生互补的生态化企业群体，实现企业集聚向企业集群的转化；第五阶段政府将适时制定较为完善的有助于突出地方产业竞争优势的扶持政策促进产业集群的发展壮大，以此为基点选择并确立地区的主导产业。至此，边缘地区产业结构基本形成基于科技创新的主导产业。

需要指出的是，由于边缘地区经济欠发达，再加上自然条件、地理位置的制约，科技创新的软硬件环境并不十分完备，特别是微观环境并不理想，此形成路径在边缘地区不常见。

## 3.5 本章小结

边缘地区经济边缘化是其最主要的经济特征，边缘化产生的原因主要是不利的区位条件和较高的交易成本、落后的历史基础和路径依赖机制、市场机制的作用、非均衡发展战略的影响。约束边缘地区主导产业形成的条件主要有资源禀赋与生态环境、区域市场需求能力、区域产业分工合作、经济一体化下区域产业发展政策。边缘地区主导产业形成的动因主要有市场需求、产业技术创新、产业结构升级和区域经济发展演进 4 个方面。在边缘地区主导产业形成的路径方面，主要是基于产品市场优势的边缘地区主导产业形成路径，基于区域轮动、产业轮动背景下的边缘地区主导产业形成路径，基于科技创新的边缘地区主导产业形成路径，是典型的市场拉动与政府推动混合模式。

# 第 4 章

# 边缘地区主导产业成长模式

考察边缘地区主导产业的发展，其产业成长主要是由于极化效应和扩散效应的作用，使市场需求、技术创新、投资、政策、企业间竞争与协作在不断发生变化，推动着边缘地区主导产业发展。

极化效应影响着主导产业成长的速度。在这一过程中，首先，出现经济活动和经济要素的极化，然后形成地理上的极化，从而获得各种集聚经济，即规模经济。规模经济反过来又进一步增强主导产业的极化效应，从而加速边缘地区主导产业增长速度、扩大其吸引范围。极化效应首先使主导产业形成自我发展能力，不断积累有利因素，为自己的进一步发展创造条件。其次，极化效应形成规模经济和集聚经济。区位优势有利于经济活动的集聚，使各种产业活动之间的协作配合及产业规模的扩大成为可能，从而带来了各种费用的节约，产生集聚效益和规模效益，极大地增强主导产业各部门的竞争力。最后，主导产业的发展进一步拉动其他生产性和非生产性行业的建设与发展，使产业结构趋于合理完善，增强经济增长的质量与稳定性。

关联扩散效应影响着主导产业成长的规模。关联扩散效应促成各种生产要素在一定发展阶段从主导产业向产业系统的扩散，从而在产业集聚的基础上，推动产业渗透、产业延伸、产业重组的进程，影响着主导产业成长的规模和产业扩张的能力。主导产业具有同其他产业关联度大、带动系数高、生产链条长、对优化产业结构影响大的特点，从而形成了对其他产业乃至整个经济增长具有重要的、广泛的关联扩散效应。这种关联扩散效应表现为以下 3 种形式：一是后向联系效应。主导产业的后向联系效应是指对那些向其提供投入品产业的关联带动作用。这些关联带动作用可以使那些对主导产业提供投入品的产业产生人力、物力乃至结构方面的变化。二是前向联系效应。主导产业的前向联系效应是主导产业对试图利用其供给作为投入的产业的关联推动作用。这些关联推动作用可导致新产业、新技术、新工艺、新能源等出现。三是旁侧联系效应。主导产业的旁侧联系是指主导产业对整个区域内经济的连带作用。它可以引起其产业系统的一系列变化。同时主导产业的兴起会影响当地经济社会的发展，如制度建设、国民经济结构、基础设施、人口素质等。更重要的是，主导产业能够诱发新的经济活动或派生新的产业部门，甚至为下一个重要的主导产业建立起新的平台。

主导产业成长模式指主导产业成长过程表现出的固定特征。由于主导产业成长过程的多样性，对主导产业成长模式的探索也存在多角度的问题。本书从产业成长的内源动力和外源动力表现，给出边缘地区主导产业成长的自组织型、引导型、集成型 3 种模式。

## 4.1 边缘地区主导产业成长的驱动因素

边缘地区主导产业本身所拥有的先进产业力对生产要素产生强大吸引力，周围地区的生产要素和经济活动不断向其集中，从而加快主导产业自身的发展，迅速增长的推动性产业又吸引和拉动其他经济发展。向吉英（2005）在《产业成长的动力机制与产业成长模式》一书中指出，产业成长涉及的综合因素有市场需求、技术创新、投资、政策等，市场需求对产业成长的拉动和导向作用，投资对产业成长的推动作用，技术创新对产业成长的支撑作用，产业政策对产业成长的扶持作用，它们组成了产业成长的外源动力机制；产业成长的内源动力机制则简约为企业的竞争与协作；外源动力机制和内源动力机制之间是相互关联和互动的，动力机制中各要素之间存在着相互作用，正是这种系统的动力机制为产业成长提供了协同作用的综合驱动力。

### 4.1.1 市场需求

从边缘地区主导产业形成路径看，不论是基于产品市场优势形成的主导产业，还是基于区域轮动、产业轮动背景下形成的主导产业，都具有依托资源占有或产品专门化所形成的市场需求优势。当主导产业形成后，这种企业或部门的市场需求优势，通过产业链或产品价值链的联系，在极化效应和扩散效应作用下迅速带动其他部门和产业的发展，形成共生互补的生态化产业集群，使得主导产业市场需求在多样性、层次性及规模性方面得到极大提高，这种需求结构的升级和高级化过程，有力促进了主导产业的成长。

### 4.1.2 政策扶持

边缘地区政策扶持具有较强的计划诱导性和产业诱导性。基于主导产业对边

缘地区经济社会发展的积极作用，地方政府在综合考虑产业发展能力、产业发展空间、边缘区域产业结构特点、产业规划与战略、产业政策供给、产业空间布局、区域产业分工等因素的基础上，为促进主导产业的快速发展，制定并实施具有鼓励、刺激、保护作用的诱导政策，来引导、扶持、促进主导产业的快速成长，特别是采取实质性的产业支持政策，包括税收减免、税收返还、财政补贴、建立健全社会化服务体系和提供完善的基础设施等。由于边缘地区经济发展欠发达，地区政府动员干预政策资源的能力较大，可以调动当地各项政策资源来控制资源配置、调节经济运行，充分发挥地区的比较优势，特别是后发优势，促进主导产业的快速成长。

### 4.1.3 投资推动

投资对主导产业成长的推动作用表现为：一是有效投资夯实了边缘地区的工业基础，为主导产业成长奠定坚实的产业基础；二是对现有主导产业直接投资，使产业生产规模扩大，实现产业规模扩张；三是通过提高研究与开发（R&D）投入强度，推动产业技术进步，实现产业的升级和高级化，推动主导产业实质性成长。

### 4.1.4 技术创新

由于边缘地区科技创新环境较差、软硬件建设力度不够、创新机制不顺畅等因素影响，边缘地区主导产业技术创新能力一般通过产业对接转移、大项目落地等方式获得，这种基于区域轮动、产业轮动背景下形成的主导产业会迅速集聚当地人才、资本、自然资源，整体提升边缘地区产业技术水平，相应地也会加快主导产业的成长速度。

### 4.1.5 产业组织竞争与协作

一方面，边缘地区主导产业的成长，更多地表现为产业组织竞争协作关系的发展。竞争使得具有市场开拓能力大、管理水平高、产品研发能力强的主导产业部门越来越强大，地区资源得到了优化配置，产业结构趋于合理，进一步推动主导产业的成长；另一方面，主导产业链上汇聚着众多有分工协作关系的企业，这种基于产业链、产品价值链形成相互依赖、相互促进的协作关系，使主导产业得以良性成长。

## 4.2 边缘地区主导产业成长的自组织型模式

主导产业成长的自组织型模式指边缘地区主导产业随着市场演化而渐进发展

和成长，是没有任何外来干预的市场自发推动过程。由于边缘地区经济社会发展阶段的影响，有一部分主导产业的成长主要是依靠产业的市场能力、技术能力、管理能力和产品研发能力，不断利用各种方式充分发挥自己的比较优势，并逐渐通过极化作用强化自己，发展到一定阶段又通过关联扩散作用促进其他产业发展。边缘地区主导产业自组织成长表现为地区内生式的产业成长。

### 4.2.1 成长过程

边缘地区主导产业的成长过程表现为：首先是已形成的主导产业在极化作用和关联扩散作用下不断利用各种方式充分发挥自己的比较优势，并逐渐通过极化作用强化自己，发展到一定阶段又通过关联扩散作用促进其他产业发展。通过主导产业与非主导产业的合作与竞争，形成自发性的产业集聚，一旦形成便会产生自我加强的机制，使集聚规模扩大，集聚优势明显，而产业集聚又加强了极化作用和关联扩散作用，使得产业渗透、延伸得以发展，导致新产业、新技术、新工艺、新能源等出现，形成新的主导产业形态。边缘地区主导产业自组织成长的过程如图 4－1 所示。

（1）成长初期。主导产业初步形成自我发展能力，在主导产业的极化效应作用下，不断积累有利因素，促进产业发展。积累的区位优势有利于经济活动的集聚，使各种产业活动之间的协作配合及产业规模的扩大成为可能，从而带来了各种费用的节约，产生集聚效益和规模效益。

（2）成长后期。主导产业的发展进一步拉动其他生产性和非生产性行业的建设与发展，使产业结构趋于合理完善，大大增强经济增长的质量与稳定性。产业集聚开始形成，一旦形成便会产生自我加强的机制，使集聚规模扩大，集聚优势明显，集聚优势的发挥又加强了极化作用和关联扩散作用，从而使主导产业成长速度明显加快。此时关联扩散效应也开始发挥作用，关联扩散效应促成各种生产要素在一定发展阶段上从主导产业向产业系统的扩散，形成更大规模的产业集聚，进一步促进主导产业的成长。

边缘地区主导产业成长中的自发性集聚一般是依托主导企业，由高度专业化分工的中小企业集聚而成，集群中的企业通过高度专业化分工或转包形成一种长期的稳定生产关系。边缘地区自发性产业集聚的初级形式主要是以资源禀赋优势集聚为主要特征，以争夺生产资源为基本动力，但这种产业集聚往往局限在一片狭小地区内，不利于产业内企业的发展壮大。在主导产业作用下，逐渐演变为以争夺市场资源、生产要素资源、信息资源等为基本动力的集聚，企业组织柔性化趋势逐渐显现，事业部、连锁经营等扁平柔性组织逐渐显示较强的市场竞争力，也为产业集聚的快速发展提供助力，产业集聚的组织模式也在发生根本性变革，网络化空间模式等新型产业组织模式应运而生，从而促进主导产业成长。

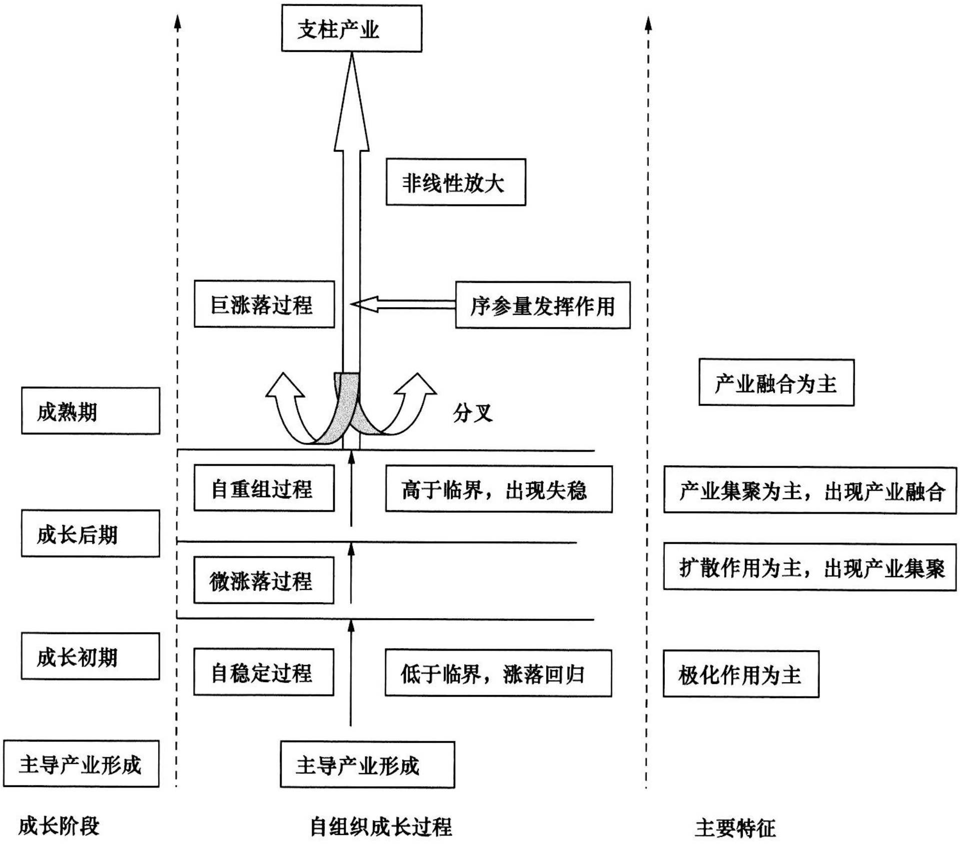

支柱产业
非线性放大
巨涨落过程
序参量发挥作用
成熟期
分叉
产业融合为主
自重组过程
高于临界，出现失稳
产业集聚为主，出现产业融合
成长后期
微涨落过程
扩散作用为主，出现产业集聚
成长初期
自稳定过程
低于临界，涨落回归
极化作用为主
主导产业形成
主导产业形成
成长阶段
自组织成长过程
主要特征

**图 4－1　边缘地区主导产业成长的自组织型模式**

（3）成熟期。主导产业的关联扩散作用发挥主要作用，通过前向关联、后向关联、旁侧关联，对主导产业产业链上的各产业发挥作用，引致新产业、新技术、新工艺、新能源等出现，推动产业渗透、产业延伸、产业重组的进程。在主导产业较高的关联程度和高速成长作用下，主导产业自组织成长形成巨涨落现象，主导产业在国民经济中的地位大大加强，成为地方经济社会发展的核心力量，不仅自身发展成为国民经济中举足轻重的支柱产业，而且更重要的是其技术逐步向其他产业辐射，关联效应已渗透到整个经济，广泛地带动了其他产业的发展，支撑着经济总水平增长速度，推动产业结构的高级化。

边缘地区主导产业的产业关联程度、产业增长潜力是产业自组织成长的关键序参量。根据自组织理论，只有外部环境向产业系统的输入达到一定的阈值，即达到涨落放大的临界点，产业系统才能向耗散结构转化，才有可能出现巨涨落。

自组织成长模式中，主导产业具备一定数量级的产业关联程度、产业增长潜力是涨落放大的临界点。边缘地区主导产业的成长有赖于涨落的触发作用，但并不是说有涨落就可以产生耗散结构。在成长初期（对应自组织的平衡态和近平衡态），边缘地区产业系统内部产业关联程度较低，各产业之间的协同作用较弱，各产业之间涨落产生后没有通过耗散结构得到关联响应，各产业的发展成为一个个孤立、偶然的事件，主导产业的成长主要依靠自发性的产业集聚作用或外源性产业集聚的带动作用。而一旦主导产业与其他产业间结构关联程度和聚合水平达到最佳状态时，涨落将突破临界值，在远离均衡的非线性区域，在非线性和正反馈机制作用下，涨落被有效放大实现巨涨落，即形成主导产业快速成长，推动产业融合的产生，各主导产业间的结构关联越强，这种作用将以一个乘数效应扩大，在产业系统中产生裂变连锁反应，使得产业渗透、产业延伸、产业重组不断发生，主导产业也成长为地区的支柱产业。

### 4.2.2 边缘地区主导产业自组织成长的特点

边缘地区主导产业自组织成长表现为以下特点：

（1）成长速度慢。由于边缘地区经济基础薄弱、空间演化过程缓慢、区域经济技术基础薄弱、城镇体系发育不良、城市的竞争力较弱等原因，导致边缘地区主导产业自组织成长表现为一种缓慢的、不断自我调整的过程，主导产业的极化作用向关联扩散作用的转换时滞也比较长，主导产业成长速度慢。

（2）制约因素多。边缘地区一般处于工业化初期或工业化中期的初始阶段，社会资源较为匮乏，其主导产业的自组织成长受到先天的历史文化因素制约、自然资源禀赋制约、经济地理区位制约，也面临资金人才制约、政策制度资源制约、信息条件制约。

同时，在区域经济一体化趋势下，国内各省市间的经济交流与合作日益加强，以经济地带、经济圈、城市圈、生态功能区为新业态的区域经济竞合使得我国经济发展呈现块状、点状特征，边缘地区的经济区位进一步被弱化，不利于主导产业成长。

（3）多产业特征明显。从边缘地区主导产业自组织发展轨迹看，在主导产业成长期的产业集聚过程中，由于是自发的产业集聚，不容易出现一个能起决定作用的大型主导企业，更多的可能是几个或多个规模较大的企业。此外，还有众多中小企业各自围绕几个产业里的主导产业形成不同形式的产业集聚，或提供配套产品，或提供初加工产品，或进行市场销售，这种产业集聚更多表现为合作关系。主导产业成长更多表现为内生性成长，其在区域内不同的产业成长，没有形成非常有区域竞争能力的主导产业。

## 4.3 边缘地区主导产业成长的引导型模式

主导产业引导型成长模式指边缘地区政府利用产业政策和制度创新对主导产业进行直接或间接的政策扶持引导其快速成长。对主导产业的直接扶持政策就是使政策直接倾斜于主导产业本身，在计划、财政、金融、价格、贸易、资源等方面直接对主导产业给予优惠，使其在短期内超高速发展；对主导产业的间接扶持政策，就是为主导产业健康成长创造有利的前提条件，通过财政手段、金融手段、贸易手段改善产业环境。

### 4.3.1 成长过程

由于边缘地区产业政策的介入，大大加快了主导产业成长速度。政府通过加大对中小企业发展的支持力度，促进产业集聚的形成，为主导产业发展的微观基础创造良好的发展环境；积极进行软环境建设，促进产业对接、产业转移的顺利进行，提升主导产业竞争力；加强对主导产业的培育，优化边缘地区资源配置，促进产业结构调整与优化，主导产业成长的速度和规模都得到极大提升。

（1）成长初期。边缘地区政府主要对已初步形成的主导产业进行选择。结合本地经济边缘化特性、主导产业形成的特殊性、区域竞争与合作的特点，遵循边缘地区主导产业选择的原则，全盘考虑边缘地区主导产业选择的约束条件，选择那些产业增长潜力高、产业关联效应好和社会经济效益大的主导产业，集中优势资源，进行扶持培育。主导产业在选择、培育机制作用下，产业增长迅速，关联效应很快发挥作用，众多中小企业依托主导产业的供应链或价值链形成产业集聚。

（2）成长中期。政府制定培育规划、倾尽全力培育主导产业，促进主导产业实现跨越式发展，包括基础产业的支持、关联产业的支持；改善产业发展环境，强化基础设施建设，制定较为详细的税费扶持政策等。比较常见的是边缘地区政府依托主导产业，通过设置产业聚集区来整合各类产业资源，促进经济社会发展。这种产业集聚发展必然会带来生产要素资源、基础设施和服务体系、技术创新与扩散在集聚区内的共享，实现现代化大生产与大流通，促进各类专业化市场的形成，增强区域竞争力，促进主导产业快速成长。

（3）成长后期。政府加强引导主导产业参与市场化建设，积极配合主导产业参与区域市场竞争，为其进一步发展壮大提供必要的政策支撑体系。基于主导产业的融合得以迅速发展，产业融合不仅导致了企业组织之间产权结构的重大调整，而且引发了企业组织内部结构的创新，产业融合使得企业并购开始从纵向并购向横向并购或混合并购演变。此时，边缘地区主导产业的产品、市场扩张能力非常强，其产业融合主要表现为产品扩张性并购、市场扩张性并购。此种产业融合使得产业发展表现为生产协同效应、经营协同效应、财务协同效应、人力资源协同效应、技术协同效应，促进产业产品创新，加强了产业的市场控制能力。

（4）成熟期。政府主要是加强地区市场化建设，为保障产业有序竞争提供良好的外部环境，并逐步退出对主导产业的直接干预，放松对产业的经济规制，强化社会规制，引导其健康快速发展。主导产业的关联效应得以充分发挥，产业融合得以进一步发展。产业融合产生的产业竞争力增强使相关企业群获得了更多的市场份额、稀缺资源、雄厚的资本积累以及较大的发展空间。边缘地区市场结构会发生更复杂的变化，经常是通过建立与实现主导产业、企业组织之间新的联系而改变竞争范围，促进更大范围的竞争，原先有固定化业务边界与市场边界的产业部门，相互交叉与渗透，使产业之间由原先非竞争关系转变为竞争关系，使竞争程度进一步加剧，促使市场结构在企业竞争合作关系的变动中不断趋于合理化，主导产业的市场能力、产业规模也在迅速扩大，逐步成长为边缘地区的支柱产业（如图 4－2 所示）。

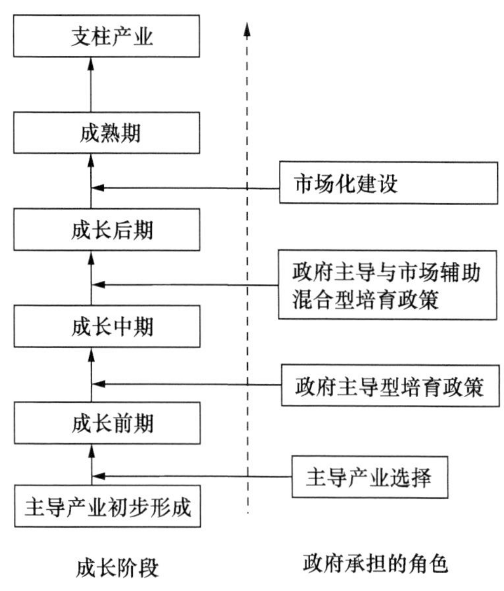


图 4－2　边缘地区主导产业成长的引导型模式

### 4.3.2 边缘地区主导产业引导型成长的特点

（1）政府全程参与主导产业的成长过程。边缘地区政府在主导产业成长前期积极进行主导产业选择；在成长期根据产业成长要求，实施不同的产业培育政策；在成长的后期，积极进行市场化建设，使该主导产业壮大为地区支柱产业做好产业政策和制度创新准备。

（2）成长速度快。由于边缘地区政府利用产业政策和制度创新对主导产业进行直接或间接干预，在资本、劳动力等要素投入、对外开放和市场化程度、工业化和城市化建设等方面向主导产业倾斜。政府的经济发展战略和区域发展政策也依托主导产业发展来进行，边缘地区政府积极为主导产业发展创造较为宽松的体制环境，使得主导产业能够快速成长起来。

（3）成长目标明确。边缘地区主导产业自身发展具备一定的后发优势，边缘地区经济越落后，其工业化的起步就越缺乏联系性，而呈现出一种由制造业的高速成长所致的突然的大跃进进程；边缘地区经济越落后，其工业化所需资本的动员和筹措越带有集权化和强制性特征，使得处于工业化初期阶段的边缘地区主导产业成长表现为目标明确的、强制性的特点。在进入工业化中期的边缘地区，表现为边缘地区政府利用产业政策和制度创新对主导产业通过市场力量引导其快速（超过平均产业成长速度）成长，以实现合理配置资源、推进自主创新能力和产业系统转型升级、促进边缘地区经济社会环境协调发展的目的。

## 4.4 边缘地区主导产业成长的集成型模式

边缘地区主导产业成长的集成型模式一般是政府利用产业政策改变企业的竞争环境，利用制度创新优化产业发展环境，通过市场机制引导主导产业快速成长。本质是遵循产业系统的自组织发展机理，利用市场力量来决定产业成长的方向和速度，产业政策只不过为产业成长提供了外在条件。集成化成长模式是引入集成思想，涉及产业结构、管理和经营战略，改变了供应链模式，强调优势互补、综合集成，跨越行业界限、打破时空概念，使产业竞争主体、竞争载体、竞争核心和竞争优势都发生了质变，推动主导产业成长向产业融合方向发展，边缘地区主导产业成长过程伴随着产业渗透、产业融合、产业重组。

该模式强调产业整合能力，以主导产业培育为主体，兼顾区域创新能力，重点促进主导产业发展，强调主导产业的扩散效应，促进产业渗透、产业延伸、产业重组，达到提升主导产业竞争能力、促进产品创新、增强市场能力、推动产业结构优化升级、加快区域一体化进程的目的。其产业成长类型主要表现为以下几种：

### 4.4.1 边缘地区主导产业集成成长的类型

（1）基于产品创新的产业渗透。边缘地区产品创新形式主要是合作创新，此种创新经常由主导产业发起，通过外部资源内部化，实现资源共享和优势互补，各产业联合攻克技术难关，缩短产品创新时间，增强企业的竞争地位。

与发达地区、中心城市的高技术产业对传统产业的渗透性融合不同，边缘地区由于自身和外部环境原因，高技术产业对传统产业的渗透性融合不是常态，更多的是产业间的技术渗透融合。边缘地区产业技术渗透主要是因当地不同产业所提供的产品或服务具有相同（或相似）特性或特征，使得不同产业可以使用共同的技术基础，其产业资源可以多重利用，促使新产品、新服务不断增加，传统产业边界变得模糊，出现产业融合现象。在边缘地区主要表现为以主导产业为主的特色产业、传统产业、科研机构、科技型企业的联合创新，或是增加特色产品技术含量，或是使传统产品有了新功能，或是产生新的行业，实现产业融合。

（2）基于主导产业发展的产业延伸。边缘地区的主导产业是地区发展速度最快的产业，对其他产业有明显的带动作用，在产业发展过程中，随着产业间功能的互补和延伸，赋予主导产业或其他产业附加功能，形成交叉式的产业融合。

与发达地区、中心城市高技术产业向传统产业延伸不同，边缘地区的产业延伸往往发生在主导产业的产业链自然延伸部分，在主导产业发展的带动下，通过各产业相互之间的功能互补与延伸，赋予原有产业新的产品功能或产业功能，形成融合型的产业新体系。在边缘地区比较具有代表性的产业是现代农业生产服务体系、工业旅游、生态农业、现代物流业。传统产业通过这种融合，极大地放大了产业的市场需求，加速主导产业成长，加快了产业系统演进进程。如在边缘地区发展迅速的农业科技园区建设，通过土地、资本、技术、人才的高度集中与高效管理，以现代农业科技成果的嫁接、集成、示范、推广为手段，促进传统农业向现代农业转变，促进了农产品生产、加工、储运、销售各环节的产业融合，催生了基于现代生物技术应用的品种选育、模式化栽培、配方施肥、节水灌溉、畜牧养殖自动化行业以及农产品网络销售、农产品国际贸易、现代物流业等新兴产业业态。

（3）基于主导产业扩张的产业重组。重组融合主要发生在具有紧密联系的产业或同一产业内部不同行业之间，通过重组融合而产生的产品或服务往往是不同于原有产品或服务的新型产品或服务。在发达地区、中心城市的产业重组主要为以信息技术为纽带、产业链上下游的重组融合，融合后生产的新产品表现出数字化、智能化和网络化的发展趋势，如模糊智能洗衣机、绿色家电的出现就是发达地区、中心城市产业重组融合的重要成果。

边缘地区的产业重组是由于主导产业的快速发展，使产业扩张在区域内外成为可能，通过产业扩张实现产业融合。在区域内部主要通过主导产业中的大企业跨产业并购，或与中小企业形成产品市场合作联盟实现产业重组，这种融合经常表现出大企业多元化发展和跨产业发展的特点。跨区域的产业重组主要通过价值链配置，区内主导产业中的大企业与产品特性、市场能力有关联的区域外企业，通过合资、研发协议、定牌生产、特许经营、相互持股等方式形成产业战略联盟，促进边缘地区主导产业扩张到中心地带，此种产业重组具有非常显著的快速性、互补性、低成本、成效大的优势，是一个相对比较容易实施的策略，能够促进主导产业尽快成长。

### 4.4.2 边缘地区主导产业集成成长的特点

（1）产业成长过程中资源配置的效率要求较高。以边缘地区主导产业为主导的产业渗透、产业延伸、产业重组需要健全的产权制度、有效的约束和激励机制作为保障。一是宏观层次的资源配置效率，即社会资源的资源配置效率，通过整个社会的经济制度安排而实现；二是微观层次的资源配置效率，即资源使用效率，一般指生产单位的生产效率，通过生产单位内部生产管理和提高生产技术实现。

市场是资源配置的最重要方式，而资本市场在资本等资源的配置中起着极为关键的作用。在此过程中，资金首先通过资本市场流向企业和行业，然后带动人力资源等要素流向企业，进而促进企业和行业的发展。

（2）产业本身的成长与其他产业间能达到较好的均衡和协调。边缘地区主导产业集成成长模式实际上是在更高层次实现主导产业的自组织成长，本质是遵循产业系统的自组织发展机理，利用市场力量来决定产业成长的方向和速度，产业政策只不过为产业成长提供了外在条件。

（3）强调产业整合能力。边缘地区主导产业集成成长要求以产业群中的核心企业为培育主体，在企业内部，以产品为核心实施内部集成，包括产品概念、产品设计、采购、制造、销售、维护、客户需求等；在企业外部，以价值链为轴心实施外部集成管理，主要包括研发中心、合作商、供应商、服务商、销售商、客户以及相关联企业、机构等。企业内部集成是产业集成的基本层面，它是一个企业存在的必备市场能力；企业外部集成是产业集成的扩展层面，它是产业积聚后形成产业整合、产业融合的一种必然选择。

以上3种模式是从理论上抽象出来的，现实中是对3种模式的混合运用。只有结合市场，运用各种有利的方式促进资源优化配置，产业才能得到更快更好的发展。自组织型、引导型、集成型模式在现实中是可以转化使用的。通过自组织模式形成的产业在成长到一定程度后可以通过引导型加速其成长；通过引导型形成的产业到一定程度后也可以使用自组织模式使其均衡成长；引导型在产业成长到一定程度后也会向自组织型转化。

由于边缘地区一般处于工业化初期或刚进入工业化中期的初始阶段，社会资源较为匮乏，边缘地区主导产业的成长受到先天的历史文化因素、自然资源禀赋、经济地理区位制约，也面临资金、人才、政策制度资源和信息条件制约，比较适合边缘地区的是“自组织型+引导型”的成长模式，集成型成长模式对边缘地区产业基础、市场发育、产业能力、经济环境、政策体系等都提出了更高的要求。现阶段，“自组织型+引导型”的成长模式比较适合边缘地区，主导产业选择与培育是促进主导产业成长的有效手段。

## 4.5 本章小结

边缘地区主导产业具有产业关联性强，带动作用大，极化效应、扩散作用明显，产值占整个产业总产出比重较大的特点。边缘地区主导产业成长主要有自组织型模式、引导型模式、集成型模式，各模式都有自己不同的成长特点。

自组织型模式指边缘地区主导产业随着市场演化而渐进发展和成长，是没有任何外来干预的市场自发推动过程，具有成长速度慢、制约因素多、多主导产业并存的特点。引导型成长模式指边缘地区政府利用产业政策和制度创新对主导产业进行直接或间接的政策扶持引导其快速成长，具有政府全程参与、成长速度快、成长目标明确的特点。集成型模式是政府利用产业政策改变企业的竞争环境，利用制度创新优化产业发展环境，通过市场机制引导主导产业快速成长。其特点为产业成长过程中资源配置的效率要求较高、产业本身的成长与其他产业间能达到较好的均衡和协调、强调产业整合能力。

以上3种模式是从理论上抽象出来的，现实中需对3种模式混合运用。只有结合市场，运用各种有利的方式促进资源优化配置，产业才能得到更快更好的发展。现阶段，“自组织型+引导型”的成长模式比较适合边缘地区，主导产业选择与培育是促进其成长的有效手段。

# 第 5 章

# 边缘地区主导产业选择方法

边缘地区的主导产业选择首先要明确区域间政府合作与竞争的决策偏好，这是避免重复投资、重复建设、地区产业同构的前提，也是边缘地区发挥特色产业优势，坚持错位发展经济的前提。

边缘地区的主导产业选择需充分考虑地区间合作与竞争、重视主导产业选择微观基础，遵循选择主体层次性、资源环境约束与整体性调配、突出主导产业本质特征原则，要根据经济发展阶段来选择主导产业评价指标，确保主导产业发展演进与地区产业结构调整优化、经济发展阶段具有内在一致性。

## 5.1 边缘地区经济竞争与合作分析

因大部分边缘地区位置偏僻，远离经济中心，软、硬环境差且受行政界线分割的影响，城市发展存在许多不合理现象。在市场经济条件下，边缘地区与发达地区间差异和分工的存在，使城市间的竞争成为必然。张广德（2010）认为随着城市间竞争激烈程度的加剧，原料战、市场争夺、重复建设、产业结构趋同等有损区域利益的负面效应逐渐表现出来，城市之间为减少各自的利益损失会选择合作，如建立城市合作组织、谋求城市合作机制。但这并不意味着城市间竞争的消失，而是由最初的无序竞争向有序竞争转化，即城市竞合已成为边缘地区间主要的经济关系。

### 5.1.1 边缘地区经济竞争与合作的影响因素

（1）自然条件。互补的自然条件有利于边缘地区进行省际边界城市合作，但相似的自然条件往往使竞争强于合作。

（2）区位条件。区位条件为边缘地区跨区域发展奠定了良好的基础，相邻的区位为边缘地区城市间的经济竞争与合作提供了空间上的依据。但是，这种省区边界具有“切变”和“桥梁”的双重作用。一方面，边界的“切变”效应对基础设施建设、经济要素流动、产业扩张、市场交流、生态环境保护等有阻碍作用；另一方面，当城市化水平发展到一定程度，经济要素就会突破边界，“切变”效应溢出为“桥梁”效应。

（3）交通条件。交通条件影响着一个城市与其他城市人员往来和物资交流的方便程度，它与城市间的竞合呈正相关关系。发达的交通条件，既能强化边缘地区毗邻城市之间的竞争态势，也为其相互间的合作提供了支撑条件。

（4）政策条件。边缘地区城市之间竞合的复杂程度远远大于省内毗邻城市的竞合情况，因为省际边缘型城市之间竞合的背景是省际竞争，各省为“争取省区自身的利益最大化”，制定出有利于自己省区的战略、规划以及各项政策，而省际边缘城市就成了省际间政策博弈的“前沿阵地”。

### 5.1.2 边缘地区城市竞合的内容

（1）主导产业竞合。多数边缘地区毗邻城市间在主导产业上竞争大于合作。由于区位相近、资源相似，很多省际城市的主导产业严重趋同。例如，重庆的机械制造业与成都的电子信息业、旅游业都是在发挥自身比较优势的基础上发展起来的，而当前两行政区均把发展高科技产业作为主导产业，其基础配套产业环节薄弱，形成了竞争大于合作的态势；从成、渝两地在重庆直辖前的产业相似系数和相关系数可以看出两市产业互补性强，有很大的合作空间，现实却是“你有的我也要有，你好的我要比你更好”的发展态势（张广德，2010）。

（2）政府竞合。地方政府及其领导人为了实现行政区域内的经济利益最大化，在经济发展中从本位主义角度出发采取相应的策略行为，通常被称为“地区本位”。我国地方政府之间的关系不是单纯的竞争关系，也不是单纯的合作关系，而是竞争与合作的一种博弈过程，在不同的历史发展阶段和不同的制度背景下，地方政府之间的关系导向是由博弈的结果决定的。现阶段政府间的竞争大于合作，边缘地区城市所属的省、市行政长官会根据各自的情况制定不同的政策，这就严重制约了经济区的整体发展。

（3）空间竞合。边缘地区与毗邻城市间空间竞合趋势表现为在空间布局的规划、都市圈规划方面融入毗邻经济圈、经济带。2011 年，安徽确立了皖江城市带融入南京都市圈、皖北城市融入徐州都市圈的区域发展战略；江苏在规划都市圈时也为安徽预留了发展空间，如南京正在打造“宁合芜成长三角”。可以看到，区域合作正在打破行政区划界线，同时也显示，边缘地区在这方面的被动性。

边缘地区城市竞合的模式主要有弱弱联合开发模式、强弱资源及资金技术互补合作模式、强强技术互补协作模式，边缘地区毗邻城市的竞合模式一般属于弱弱联合开发模式或强弱资源及资金技术互补合作模式。

边缘地区城市竞合的方式主要有自愿型和强制型。强制型合作主要是在集权下依靠行政权力以命令的形式实现合作意愿，如中央对省市两级政府下达的“一对一”帮扶制度，地方政府对银行下达的贷款政策，政府“撮合”区域间企业合作兼并的政策等。

### 5.1.3 区域间政府合作与竞争决策

地方政府间的合作集中体现为共同推动经济增长、营造良好的区域经济发展环境，竞争则表现在争夺区域间各类资源、争夺中央政府政策制度、营造产业发展环境，本质在于地区主导产业发展能力的较量。区域间政府的合作与竞争通过决策博弈机制来进行。

（1）短期合作与竞争决策。区域间政府合作与竞争决策有时是短期的，由于边缘地区的经济发展现实，使得短期的区域间政府合作与竞争博弈遵循序列博弈的基本原理，即博弈者在选择行动时有先后顺序或某些对局者已经率先行动，博弈中先行者可能占据一定的有利地位，即先行者优势，这使得边缘地区政府在决策中就必须依据自己是否具备先发优势或后发优势来采取行动。事实上，对边缘地区来讲，坚持特色产业扶持（具备先发优势特征）与坚持产业错位发展（具备后发优势特征）一直是可供选择的地区发展战略决策。

（2）长期合作与竞争决策。罗伯特·阿克塞尔罗德（Robert Axelrod））通过两轮“重复囚徒困境”竞赛以及后续的“进化实验”，揭示了合作出现的前提条件以及合作的进化过程。为了阐释合作是如何产生的，阿克塞尔罗德组织了一次“重复囚徒困境”的计算机程序竞赛，对策论专家被邀请提送他们认为可以在“重复囚徒困境”中得分最高的策略程序，每个策略与其他所有策略逐个对局，以找出总体得分最高的策略。最后的优胜者是加拿大学者罗伯布写的“一报还一报”（Tit for Tat）。这个策略首先在第一步合作，然后就模仿对方上一步的选择。然而，单一竞赛的结果是不能最后说明问题的，为了进一步验证实验的结果，阿克塞尔罗德组织了第二轮竞赛，在第二轮竞赛中，所有的参赛者都得到了一份关于第一轮竞赛的详细分析报告，包括竞赛过程中成功的思想和概念，易犯的策略性错误，但结果依然是“一报还一报”取胜。阿克塞尔罗德还发现，得分排在前面的程序有4个特性：善良性，从不首先背叛；报复性，对于对方的背叛行为一定要报复，不能总是合作，也就是“可激怒的”；宽容性，在反击对方的报复后要宽容对方，只要对方合作，你就合作，有助于重新恢复合作；清晰性，行为简单清晰，使对方能适应你的行为模式，从而引出长期合作。

实验的结果表明：第一，潜在的合作策略即“促进合作”才能在不合作占优势的环境中取得最初的立足之地。第二，报复性策略能在由其他各种简单和复杂的策略组成的多样化环境中脱颖而出。第三，合作一旦在群体中建立，就能保护自己不受非合作策略的侵入，并不断地发展壮大，群体以不可逆转的方式向合作的方向进化。

（3）边缘地区政府合作与竞争决策。基于以上分析，边缘地区政府在考虑地区间长期竞争与合作决策时，应当坚持“促进合作”的态度，积极开展基础设施、产业与投资、商务与贸易、农业、科教文化、信息化建设、环境保护等方面的合作，使边缘地区在竞争劣势中首先取得最初的立足之地，并不断发展壮大合作成果，使区域间的竞争与合作以不可逆转的方式向合作的方式进化。而在考虑短期合作与竞争策略时，依据自己是否具备先发优势或后发优势来决定，一般是特色产业扶持与坚持产业错位发展并举，实现地区经济的快速发展。

## 5.2 边缘地区主导产业选择的原则

边缘地区主导产业有其独特的形成条件、形成动因、形成路径，这就要求边缘地区的主导产业选择必须因地制宜，具体问题具体分析。我国学者早期将边缘地区主导产业选择的原则与选择基准混为一谈，将关联强度原则、技术进步原则与基准相混淆，在主导产业选择与发展思路上理不清究竟需要注意哪些环节、需要把握哪些标准等。主导产业选择的原则与基准重叠，使得各地区政府在建立基准时将选择原则纳入选择基准中，直接导致所选主导产业趋同，这也是为什么尽管政府经过实证分析，却还出现产业结构趋同的现象。本书认为，边缘地区主导产业选择的基本原则是边缘地区产业发展指导思想、目标、落脚点的综合体现，贯穿整个主导产业选择的始终，也是主导产业培育成长的起点性原则。

### 5.2.1 充分考虑地区间的合作与竞争

边缘地区主导产业选择必须坚持特色产业扶持和产业错位发展的理念，使边缘地区主导产业发展能够获得先发优势或后发优势。边缘地区的后发优势对主导产业选择更具积极作用：边缘地区经济越落后，其工业化的起步就越缺乏联系性，而呈现出一种由制造业高速成长所致突然的大跃进进程；边缘地区经济越落后，在其工业化进程中对大工厂和大企业的强调越明显；边缘地区经济越落后，

就越强调生产资料而非消费资料的生产；边缘地区经济越落后，其工业化所需资本的动员和筹措就越带有集权化和强制性特征。因而，边缘地区要重视产业对接、产业转移对去地区边缘化的积极作用。

### 5.2.2 重视主导产业成长的微观基础

明确区域主导产业的实施主体作用。从形成过程上看，主导产品是主导产业形成的起点，主导企业是主导产业形成的微观主体。而产品（包含服务）是市场经济的基本元素，只有创新程度高、扩散效应大的产品才能保持较好的市场能力，才能带动其他相关产品发展，进而成为市场中的主导产品；主导企业是形成主导产业的微观基础，企业家的创新精神加上企业内部的组织效率共同形成了主导企业的基本要素，通过市场不断整合和放大，进而通过产业集聚效应，逐渐地淘汰掉一批不适于成长的企业，集聚一批有发展后劲、市场能力大的企业，使企业的优势真正地转化为部门的竞争优势，进而形成区域竞争优势，使主导产业发展起来，并逐渐发展成为区域的支柱产业。

### 5.2.3 强调有序发展

边缘地区选择主导产业是非均衡发展理论的现实应用，也是经济发展阶段理论的现实反映。选择主导产业是集中有限优势资源于高配置效率的产业部门，实现赶超跨越式的发展，但并不意味边缘地区将所有资源都倾斜于主导产业这一单一产业发展，而是以主导产业为中心，各基础产业、潜导产业、支柱产业与夕阳产业协调发展，也只有产业系统有序发展，才能为主导产业培育创造基础条件，为其成长壮大铺好道路，这也是选择主导产业的落脚点所在。

### 5.2.4 选择主体多层次性

边缘地区主导产业选择的首要主体是当地政府，次级主体是潜导产业代表企业，辅助主体则是相关产业专业技术部门组成的协会，也称为第三方主体。现行经济体制下，我国政府掌握着土地、政策等绝对优势资源调配权和收益权，选择发展潜力大的产业是政府与企业的双赢战略。边缘地区政府作为首要选择主体，既有利于保证政府财税的丰盈，提升当地经济发展水平，也有利于幼小产业的发展壮大，但这种做法带有较强的短期效应，往往会牺牲部分潜导产业利益。因而要引入辅助主体，作为非相关利益人科学而公平地参与主导产业选择，其意义在于理性判断所选主导产业的合理性与可行性。由于主导产业选择是一个连续循环过程，潜导产业可以作为后续主导产业选择的次级主体，潜导产业代表企业更熟知关联产业的发展，能理性认识和选择主导产业。

### 5.2.5 资源环境约束与整体性调配

边缘地区主导产业选择一方面需全面考虑资源环境约束条件，另一方面也从整体性上把握现有资源环境的调配。主要考虑的约束条件有资源禀赋状况、技术创新水平、经济发展水平、产业基础条件以及政策制度条件，各个条件约束阈值都必须做到了然于胸，在此基础上，根据非均衡发展战略要求，对地区资源环境进行规划，集中各个约束阈值测算最大的产业规划空间，保证倾其优势资源于主导产业培育发展中。

### 5.2.6 突出主导产业本质特征

边缘地区主导产业选择既要满足区域主导产业的重要本质，充分利用边缘地区自然资源、人力资源和政策制度资源，更要承担起带动当地经济发展、促进人民生活水平提升的使命。因而，主导产业选择的基准及数量确立均需从经济生活发展实际中求证，同时需有战略眼光布局主导产业发展。

## 5.3 边缘地区主导产业选择评价指标体系

### 5.3.1 边缘地区主导产业选择的约束条件

（1）外部约束条件。外部约束条件主要指以下几点：

一是国家区域政策与产业政策。这影响着边缘地区主导产业选择的范围。国家区域政策包括区域经济发展战略、区域产业结构调整政策、中央政府的财政转移支付政策、对边缘地区倾斜性的科技政策、财税政策等；国家产业政策包括国家产业规划、产业发展战略、产业结构调整方向、产业布局、产业支持政策。

二是毗邻经济地带、中心地区产业环境。这要求边缘地区主导产业的选择必须是错位发展，避免产业同构，其包括经济发展环境、产业政策、产业发展规划与战略、产业布局、产业结构特点、市场化程度。

三是本地区上一级别行政区状况。这约束着边缘地区主导产业选择的方向，包括上一级别行政区经济发展战略、产业发展规划与战略、产业布局特点、产业政策。

（2）内部约束条件。内部约束条件主要指以下几点：

一是边缘地区产业结构特点。要重点考虑边缘地区产业基础条件，产业发展能力，产业优势与瓶颈，产业发展面临的威胁，产业体系整体状况与演化特点，基础产业、潜导产业、支柱产业、夕阳产业在产业系统中的比例等，这是边缘地区主导产业发展的产业基础。

二是各类生产要素资源。生产要素资源包括劳动力储量与质量、自然资源禀赋、历史文化资源存量、制度资源限度、信息资源、科技资源等，这制约着边缘地区主导产业今后的发展规模。

三是生态环境状况。主要评估边缘地区生态承载能力、生态环境可持续发展能力，这是边缘地区主导产业发展的资源约束条件。

四是技术创新能力。技术创新能力包括科教资源配置状况、科研院所创新转化能力、企业技术创新能力、官产学研机制运行状况、第三方科研单位创新能力、技术扩散能力、技术外溢状况等，这决定了边缘地区主导产业的成长能力。

五是边缘地区市场状况。市场状况包括主要产品市场的需求与供给、潜在市场的供需预测、市场化程度等，这是所选边缘地区主导产业的诱发条件。

六是边缘地区公共产品服务供给状况。公共产品服务供给包括基础设施建设、公共服务设施完善程度、治安环境、政府服务水平、各类优惠政策制度供给现状等，这是所选边缘地区主导产业的制度约束。

### 5.3.2 现有区域主导产业选择基准

国内外就区域主导产业选择基准进行了大量的定性与定量研究，取得了丰硕的成果，结合对主导产业的不同认识，研究者提出了不同的基准构成。国外比较有代表性的是艾伯特·赫希曼提出的“产业关联度基准”、筱原三代平提出的“生产率上升率基准”和“收入弹性基准”、日本产业结构审议会议提出的“过密环境基准”和“丰富劳动内容基准”、联合国工业发展组织提出的“增长弹性基准”和“规模弹性基准”以及基于比较优势理论提出的“比较优势基准”；国内的学者结合我国实际，也提出了不同的主导产业选择基准（如表5-1所示）。

表5-1 不同的主导产业选择基准

| 基准分类＼内容 | 基准内容 |
|---|---|
| 三基准说 | 增长后劲基准、瓶颈效益基准、短缺替代弹性基准 |
| | 收入弹性基准、产业关联度基准、生产率上升率基准 |
| 四基准说 | 收入弹性基准、产业关联度基准、增长率基准、劳动就业基准 |

续表

| 基准分类＼内容 | 基准内容 |
| --- | --- |
| 五基准说 | 生产率上升率基准、需求收入弹性、产业关联度基准、创新率基准、规模经济性基准 |
| | 需求收入弹性大、供给弹性大、劳动生产率高、能体现劳动生产率的方向、对相关产业的波动和带动作用强 |
| | 收入弹性基准、生产率上升率基准、产业关联度基准、动态比较优势基准、国际竞争力上升率基准 |
| | 收入弹性基准、生产率上升率基准、产业关联度基准、生产协调最佳基准、增长后劲最大化基准 |
| 六基准说 | 收入弹性基准、生产率上升率基准、产业关联度基准、比较优势基准、效益基准、可持续发展基准 |
| | 需求基准、产业关联基准、效率基准、持续发展基准、技术进步基准、竞争优势基准 |
| 七基准说 | 市场前景和市场竞争力基准、产业之间的带动基准、技术创新与进步基准、吸纳劳动能力基准、动态比较综合优势基准、世界市场竞争力基准、可持续发展基准 |
| | 收入弹性基准、生产率上升率基准、产业关联度基准、动态比较优势基准、生产要素的相对集约基准、就业基准、可持续发展基准 |

但是从现有区域主导产业选择基准的理论与实践来看，仍存在以下不足之处：

第一，基准单一不足，多元有余。在区域主导产业选择基准的设置中，往往忽视区域自身发展特点，盲目崇拜基准，要么限于单一基准，诸如仅以增长弹性基准作为选择主导产业的指标，简单片面地筛选主导产业，造成主导产业选择失真，不利于区域产业结构调整优化；要么偏向于多个基准力求全面考察，加大主导产业筛选的难度与不确定性，造成主导产业筛选成本大幅提升。

第二，指标集中于经济增长，忽视社会发展、环境保护。社会发展主要涵盖就业、生活环境、文化历史等关系国计民生问题的领域，环境保护主要涵盖环境污染程度、资源消耗利用程度等关系生态环境平衡问题的领域，二者对区域产业发展具有重要的基础条件意义。但区域主导产业选择基准设置更多的是关注对经济增长的影响作用，追求短期效益，对于社会发展、环境保护往往弃之不顾。

第三，量化指标粗糙，定性指标操作主观性过强。力求区域主导产业选择准确，学界趋向于各类选择基准定量化，但在具体设置指标体系过程中，限于数据的可得性与可操作性，各定量指标赋予的意义简单，背离了原有指标设置的初衷。在定性指标操作方面草率了事，采用的决策方法单一，结果往往局限于某一专家主观意愿甚至是某一行政性指示，定性指标的筛选意义往往流于形式。

### 5.3.3 边缘地区主导产业选择的基准及评价指标

边缘地区主导产业选择要重点考虑边缘地区的特殊性，并根据其经济发展阶段来确立选择基准，进而设置相应指标体系。

事实上，对于主导产业选择基准数目以及确立的基准指标内容，理论界并没有定论。一般而言，在经济发展的较低阶段倾向于选择较少的基准数目与相应的评价指标，经济发展的较高阶段则倾向于选择数目较多的基准，并构建较为复杂的评价筛选指标体系。

这种根据经济发展阶段来确定主导产业选择基准数目和评价指标的做法有其合理性：一是基于资源的丰腴度与资源配置效率。经济发展初期社会资源较为匮乏，市场处于供给占主导地位，此阶段的基准主要解决稀缺资源向生产领域积聚；到经济发展的高级阶段，社会资源较为丰腴，市场处于需求占主导地位，此阶段的基准不仅要满足积聚社会优势资源于需求市场，而且还会关注社会的可持续发展、社会的和谐发展等较高层次的发展需要。二是主导产业选择过程是基于地区经济发展战略需要安排的经济行为。主导产业选择的基准不仅要确保所选产业的发展符合经济发展战略目标，而且要确保主导产业发展演进与地区产业结构调整优化、经济发展阶段具有内在一致性。

目前，边缘地区经济发展仍面临不少难以逾越的体制、资源等障碍，致使经济发展活力不强、可持续性差、生态经济脆弱，可调控的资源仍处于劣势。因而，对于边缘地区主导产业的选择基准数目仍应谨慎考虑，一方面要尽量涵盖边缘地区主导产业选择的内外约束条件，综合考虑产业发展能力、产业发展空间、边缘区域产业结构特点、产业规划与战略、产业政策供给、产业空间布局、区域产业分工等因素；另一方面要切实考虑到边缘地区经济发展阶段的实际。

本书认为，边缘地区主导产业选择基准和指标体系设计的基本思路是：综合考虑艾伯特·赫希曼的“产业关联度基准”、筱原三代平的“生产率上升基准”和“收入弹性基准”以及比较优势基准的应用条件，参考国内学者的研究成果，结合边缘地区经济边缘化特性、主导产业形成的特殊性、区域竞争与合作的特点，遵循边缘地区主导产业选择的原则，全盘考虑边缘地区主导产业选择的约束条件，通过对准则层和指标层的设计，构建能够满足边缘地区经济发展实际需要的边缘地区主导产业选择评价指标体系。

基于此，本书给出边缘地区主导产业选择评价指标体系如下：

边缘地区主导产业选择基准有3个，分别是产业增长潜力基准、产业关联效应基准和社会经济效益基准。产业增长潜力基准由需求收入弹性、产业的增长率两个评价指标构成；产业关联效应基准由影响力系数、感应度系数两个评价指标构成；社会经济效益基准由资金利税率、综合经济效率、能源消耗产出率、比较劳动产出率、产出的就业吸纳率5个评价指标构成，由这3个基准9个评价指标构成了边缘地区主导产业选择评价指标体系（如图5－1所示）。

（1）产业增长潜力基准。产业增长潜力基准的2个指标计算公式如下：

1）需求收入弹性 $E_i$ 的计算公式为：

$$E_i = \frac{dQ_i}{Q_i} \bigg/ \frac{dI}{I} \tag{5-1}$$

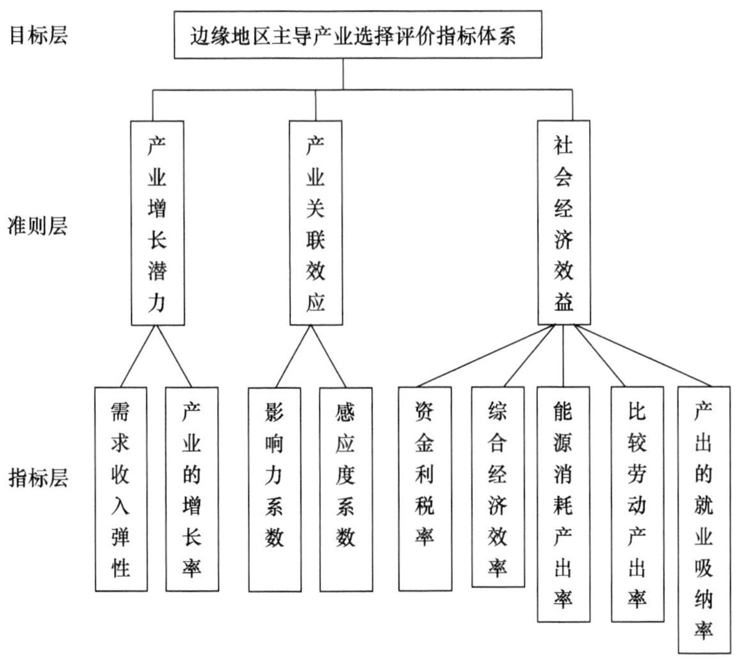


**图5－1　边缘地区主导产业选择评价指标体系**

式中，$Q_i$ 代表第 $i$ 产业部门的产品需求量，$I$ 代表国民收入。假如某一产业需求收入弹性 $E_i$ 为0.6～0.9，即表示收入每增加10%，该产业产品需求就会提升6%～9%。

2）产业的增长率 $r_i$ 的计算公式为：

$$r_i = (X_i^t / X_i^0)^{\frac{t}{i}} - 1 \tag{5-2}$$

式中，$X_i^t$ 表示第 $i$ 产业在 $t$ 时的产量，$X_i^0$ 表示初始状态下的产量，$r_i$ 表示其平均增长率。

（2）产业关联效应基准。产业关联效应基准的2个指标计算公式如下：

1）影响力系数指一个产业影响其他产业的程度，该系数如果大于1，表示该部门生产对其他部门生产的波及影响程度超过社会平均影响力水平，其计算公式为：

$$影响力系数(RB_i) = \frac{该产业纵向逆阵系数的平均值}{全部产业纵向逆阵系数平均值的平均} = \frac{\sum_{j=1}^{n} r_{ij}/n}{\sum_{j=1}^{n}\sum_{i=1}^{n} r_{ij}/n} \quad (5-3)$$

2）感应度系数指各部门均增加一个单位最终产品时，某一部门由此所受到的需求感应程度，其计算公式为：

$$感应度系数(RF_j) = \frac{该产业横向逆阵系数的平均值}{全部产业横向逆阵系数平均值的平均} = \frac{\sum_{i=1}^{n} r_{ij}/n}{\sum_{i=1}^{n}\sum_{j=1}^{n} r_{ij}/n} \quad (5-4)$$

（3）社会经济效益基准。社会经济效益基准的5个指标计算公式如下：

1）资金利税率指标反映产业的经济效益和对地区财政的贡献，其计算公式为：

资金利税率＝(利润＋税收)/(固定资产投入总额＋流动资产投入总额) （5－5）

2）综合经济效率指标综合资源相对优势、劳动力相对优势、资本相对优势等判断产业的相对比较优势度，其计算公式为：

$$E_{ij} = R_{ij} \times V_{ij} = (G_{ij}/L_{ij}) \times (G_{ij}/K_{ij}) \quad (5-6)$$

式中，$E_{ij}$为$i$区域$j$产业的综合经济效率。通常情况下，$E_{ij}$越大越有可能是区域主导产业的备选产业。

3）能源消耗产出率指消耗单位能源量产出的经济量或实物量、服务量，能源消耗产出率越高能源经济效率越高，其计算公式为：

$$R_i = \frac{N_i}{C_i} \quad (5-7)$$

式中，$N_i$、$C_i$分别表示$i$产业的总产值、能源消耗总量。

4）比较劳动产出率的计算公式为：

$$RI_{ij} = (G_{ij}/L_{ij}) \div (G_i/L_i) \quad (5-8)$$

式中，$RI_{ij}$为$i$区域$j$产业的比较劳动生产率，$G_{ij}$、$G_i$分别为$i$区域$j$产业的劳动生产率和平均劳动生产率，$L_{ij}$、$L_i$分别为$i$区域$j$产业的的劳动力从业人数、$i$ 区域各产业总的劳动力从业人数。通常情况下，$RI_{ij}$小于 2 的产业一般不作为区域主导产业的备选产业，但可作为潜在的主导产业加以关注；$RI_{ij}$大于 2 的产业才有可能是区域主导产业的备选产业；$RI_{ij}$大于 3 的产业只要稍加培育扶持，该产业很容易成为主导产业；$RI_{ij}$大于 5 的产业不需要任何扶持即可成为主导产业。

5）产出的就业吸纳率反映了该产业的就业吸纳能力，其计算公式为：

产业的就业吸纳率 = 某产业平均就业人数/该产业总产值 （5-9）

# 5.4 边缘地区主导产业选择评价方法

区域主导产业选择的评价方法主要有主成分分析法、层次分析法、数据包络分析法、偏离—份额分析法，近年来学界也积极探索新的数理研究方法，如刘爱文、郑登攀、赵璟（2010）采用 BP 逻辑模糊神经网络分析法对资源型城市主导产业选择问题进行研究，此外还有对传统方法的改进，如三阶段 DEA 分析法的应用、层次分析法的改进——网络层次分析法（ANP 方法）的大量应用为区域主导产业选择评价带来新的工具，但由于边缘地区经济发展的特殊性，并不能将这些方法直接运用到边缘地区主导产业选择评价中。

边缘地区主导产业选择是一项系统工程，需要政府、产业界、第三方的倾力参与共同作用，要采用定性与定量分析相结合、调查取证与专家访谈相结合等多方法、分阶段、有步骤、有条不紊地进行，在选择基准、指标体系构建以及定量方法选择上从实际出发，灵活处理。

由于边缘地区主导产业的选择受到诸多因素的制约，大部分影响因素很难直接取得定量分析所需数据，本书给出的边缘地区主导产业选择评价方法为：在判定边缘地区经济发展阶段的基础上，运用德尔菲法（Delphi）对边缘地区主导产业各约束条件影响基准的重要程度进行排序，采用层次分析法来确定指标层、基准层各指标的权重，通过对各指标的计算，对各产业进行综合评价，形成边缘地区主导产业备选方案，再经多轮论证，确定出边缘地区主导产业。

## 5.4.1 边缘地区经济发展阶段的判定

进行边缘地区主导产业选择，首先要判断地区的经济发展水平和发展阶段。参考钱纳里多国模型对工业经济发展阶段的划分，结合美国历年 GDP 增长指数，利用换算因子 $r$ = 基期 GDP/（每一年的增长指数 ×1970 年当年价格 GDP），可以

换算出历年的人均GDP的变动范围，据此判断边缘地区经济发展阶段(如表5－2所示)。如果被评价的边缘地区处于工业化初期或刚进入工业化中期，则可应用本书提出的边缘地区主导产业选择评价指标体系，否则还需审慎考虑边缘地区主导产业选择的原则和约束条件，重新制定主导产业选择评价指标体系，再进行主导产业选择。

**表5－2　经济发展阶段判断**　　单位：美元

| 时期 | 人均GDP的变动范围 | | | | 发展阶段 | |
|---|---|---|---|---|---|---|
| | 1964年 | 1970年 | 2000年 | 2008年 | | |
| 1 | 100~200 | 140~280 | 552~1104 | 819~1638 | 初级产品阶段 | 准工业化阶段 |
| 2 | 200~400 | 280~560 | 1104~2208 | 1638~3277 | 工业化初级阶段 | 工业化阶段 |
| 3 | 400~800 | 560~1120 | 2208~4417 | 3277~6553 | 工业化中级阶段 | |
| 4 | 800~1500 | 1120~2100 | 4417~8283 | 6553~12287 | 工业化高级阶段 | |
| 5 | 1500~2400 | 2100~3360 | 8283~13252 | 12287~19660 | 发达经济初级阶段 | 后工业化阶段 |
| 6 | 2400~3600 | 3360~5040 | 13252~19878 | 19660~29490 | 发达经济高级阶段 | |

资料来源：笔者根据钱纳里关于经济发展阶段模型整理。

### 5.4.2　约束因素对基准的综合影响力排序

本步骤主要是运用德尔菲法判定边缘地区主导产业选择的内外部各约束条件对产业增长潜力基准、产业关联效应基准和社会经济效益基准的综合影响力大小，以便于在进行主导产业选择评价指标重要性排序时能够使用统一的判定标准。

根据约束因素对基准的综合影响力排序表，向来自政府部门、第三方、企业的专家发函征求意见，要求对各个约束因素影响力大小进行排序，然后进行统计处理，并反馈咨询结果；在经过几轮咨询后，如果专家意见趋于集中，则将最后一轮咨询所确定的排序结果作为下一步确定指标层、基准层各指标的权重的重要参考指标（如表5－3所示）。

**表5－3　约束因素对基准的综合影响力排序**

| 约束因素 | | 评分（分值为1~9） | 排序情况 |
|---|---|---|---|
| 外部约束条件 | 国家区域政策与产业政策 | | |
| | 毗邻经济地带、中心地区产业环境 | | |
| | 本地区上一级别行政区状况 | | |

续表

| 约束因素 | | 评分（分值为1~9） | 排序情况 |
|---|---|---|---|
| 内部约束条件 | 产业结构特点 | | |
| | 各类生产要素资源 | | |
| | 生态环境状况 | | |
| | 技术创新能力 | | |
| | 边缘地区市场状况 | | |
| | 公共产品服务供给状况 | | |

### 5.4.3 评价指标体系各指标客观赋权

客观赋权方法是按照评价目的的要求，在符合数据要求的前提下，按照指标数据自身的数量关系，确定其对综合评价结构影响权重的方法。当前采用比较普遍的综合评价客观赋权方法有主成分分析法、层次分析法、数据包络分析法、偏离—份额分析法等，本书确定使用层次分析法来对边缘地区主导产业选择评价指标体系的各指标客观赋权。

层次分析法（Analytic Hierarchy Process，AHP）是20世纪70年代美国运筹学家匹兹堡大学教授萨蒂（A. L. Saaty）提出的。层次分析法是对方案的多指标系统进行分析的一种层次化、结构化决策方法，将决策有关的元素分解成目标、准则、方案等层次，在此基础上进行定性和定量分析的决策方法。层次分析法的具体处理原理主要有4个步骤：第一步，建立层次结构模型，将复杂的决策问题按不同属性自上而下分解为目标层、准则层、指标层；第二步，构造成对比较阵；第三步，计算权向量并做一致性检验；第四步，计算组合权向量并做组合一致性检验。层次分析法的主要特点是：在处理较为复杂的决策问题时，仅需对复杂的决策问题的本质、影响因素及其内在关系等进行定性和规范分析，求助少量的定量信息使复杂的决策问题简单化，最终实现解决多目标、多准则或无结构特性的复杂决策问题，并提供简单明了的决策方法。层次分析法比较适合于具有分层交错评价指标的目标系统，而且目标值又难于定量描述的决策问题。

依据约束因素对基准的综合影响力排序结果，收集政府部门、第三方、企业的专家对指标层各指标重要性的意见。按照层次分析法的要求，对需求收入弹性、产业的增长率、影响力系数、感应度系数、资金利税率、综合经济效率、能源消耗产出率、比较劳动产出率、产出的就业吸纳率进行重要性比较，汇总全体专家意见，求出平均值，运用层次分析方法计算出各指标权重系数（如表5－4所示）。

表 5 – 4 评价指标体系各指标权重表

| 目标层（A） | 准则层（$B_i$） | 权重 | 方案层（$C_{ij}$） | 权重 |
|---|---|---|---|---|
| A 主导产业评价指标体系 | $B_1$ 产业增长潜力 | | $C_{11}$需求收入弹性 | |
| | | | $C_{12}$产业的增长率 | |
| | $B_2$ 产业关联效应 | | $C_{21}$影响力系数 | |
| | | | $C_{22}$感应度系数 | |
| | $B_3$ 社会经济效益 | | $C_{31}$资金利税率 | |
| | | | $C_{32}$综合经济效率 | |
| | | | $C_{33}$能源消耗产出率 | |
| | | | $C_{34}$比较劳动产出率 | |
| | | | $C_{35}$产出的就业吸纳率 | |

### 5.4.4 各产业部门的综合指标评价

根据评价指标体系，对各个产业增长潜力、关联效应和社会经济效益进行评价，经过汇总得出各产业部门的综合指标评价结论（如表 5 – 5 所示），形成边缘地区主导产业选择的主选方案和备选方案。根据边缘地区的经济特点，可取综合指标评价值排名 1 ~ 10 的产业部门作为主导产业主选方案，排名 1 ~ 15 或排名 1 ~ 20的产业部门作为主导产业备选方案。

表 5 – 5 各产业部门的综合指标评价值

| 产业 | 产业增长潜力值 | 产业关联效应值 | 社会经济效益值 | 综合指标评价值 | 排名 |
|---|---|---|---|---|---|
| 产业 1 | | | | | |
| 产业 2 | | | | | |
| 产业 3 | | | | | |
| ⋮ | | | | | |
| 产业 n | | | | | |

主导产业的确立还要经过主导产业潜在目标筛选与主导产业培育规划两个步骤。主导产业潜在目标是基于反复调研取证和多轮实证分析后得出的，在区域间、国家产业环境下仍需边缘地区政府、主导产业企业代表、第三方的权衡比较，最终确立边缘地区主导产业，而确立主导产业并不是边缘地区选择主导产业的终极目标，而是要建立真正强大的主导产业，也即需要对所选主导产业实施较为完备的培育计划，促进所选主导产业迅速成长壮大。

## 5.5 本章小结

边缘地区主导产业选择是非均衡发展赶超战略使然。边缘地区政府不仅应在区域经济中积极寻求合作发展机遇，也应全力融入经济一体化进程中，参与区域产业分工，努力获得中央政府的准公共产品——政策制度支持，放大制度资源对主导产业的形成与培育的支持。边缘地区的主导产业选择需充分考虑地区间合作与竞争、重视主导产业选择微观基础，遵循选择主体层次性、资源环境约束与整体性调配、突出主导产业本质特征原则，根据经济发展阶段来选择主导产业评价指标，要确保主导产业发展演进与地区产业结构调整优化、经济发展阶段具有内在一致性。边缘地区选择主导产业的基准可以设立产业增长潜力基准、产业关联效应基准和社会经济效益基准，由于边缘地区主导产业的选择受到诸多因素的制约，其中大部分影响因素很难直接取得定量分析所需数据，因而，边缘地区主导产业选择评价指标体系适宜采用德尔菲法和层次分析法来确定定量指标。

边缘地区主导产业选择是一项系统工程，需要政府、产业界、第三方的倾力参与共同作用，要采用定性与定量分析相结合的多方法、分阶段、有步骤、有条不紊地进行。在选择基准、指标体系构建以及定量方法选择上要从实际出发，灵活处理。

# 第 6 章

# 边缘地区主导产业培育与评价

## 6.1 边缘地区主导产业培育的 SWOT 分析

SWOT 分析最早由罗瑞耐德（Learned）、克里斯滕森（Christensen）、安德鲁斯和古思（Andrews 和 Guth）于 1965 年在《企业政策：原理与案例》中提出，随着安索夫《公司战略》和安德鲁斯《公司战略的概念》的出版，以 SWOT 分析为代表的战略研究基础得以确立，并在战略管理领域中广泛运用。对企业内部分析而言，从最初简单的检核表，到特异能力、价值链及核心能力等概念的提出都可以看作是对优势分析的发展；对企业的外部分析，战略管理学者提出了 PEST 分析方法，帕特（Porter）的竞争战略理论对企业外部环境的分析，是以产业为对象进一步细化，这些无疑都对 SWOT 分析和实践的发展产生了重要影响。然而问题是为什么有些企业不可以做得和另一些企业一样好？战略理论的回答是因为另一些企业拥有核心能力，核心能力不仅使企业做得好，而且是竞争对手难以模仿和复制的。这就给我们在培育边缘地区主导产业方面提供了一个新的视角，即在边缘地区主导产业的培育中应重视那些能给本地主导产业发展带来竞争优势的核心能力，由此来确定主导产业培育的模式和路径。

### 6.1.1 边缘地区外部环境的变化为主导产业实现跨越式发展提供机遇

国际多元化趋势变化、国内发展环境加快改善，迫使跨国公司加快全球扩张，国内区域轮动、产业轮动进程加快，为边缘地区主导产业实现跨越式发展提供了良好的机遇。

当前主导中国经济发展的两条主线是区域轮动与产业轮动，国际金融危机之后，扩大内需成为我国转变经济发展方式的战略选择。在这种趋势下，国内一部分生产要素需要寻找新的市场和发展空间，而边缘地区自然资源丰富，有着巨大的市场潜力和投资机会。边缘地区可以在区域轮动与产业轮动中寻求契合点，充分借助当前区域整合的发展契机，实现从“以时间换空间”向“以空间换时间”的战略转变，真正从区域“发展红利”中获取新一轮经济增长的巨大动力。

当今开放的世界、信息的快速传播为边缘地区更好地分享科技创新的外溢效应，极大地降低边缘地区技术创新成本、提升创新绩效，推进整个产业系统跨越式发展创造诸多有利条件。随着边缘地区市场化水平的提升、承接产业转移的有序开展、经济社会环境的进一步改善，有助于资金、人才、技术和管理经验等的回流，促进产业结构优化升级和扩大对外经济往来，这为边缘地区主导产业实现跨越式发展提供了重要机遇。

### 6.1.2 经济一体化下边缘地区主导产业发展面临严峻挑战

在经济全球化背景下，产业竞争日趋白热化，各国经济较量逐渐由过去企业之间竞争向以企业为主体、政府高度参与、行业协同竞争转变，解决贸易争端、市场占有份额等问题的过程中也极大地融入政府意志。在争夺全球市场中，以跨国公司联盟为基础、政府合作为纽带、贸易条约为保障的跨国合作模式极大地压缩了中立国、第三世界国家的经济发展空间，特别是极大地压缩了边缘地区的经济发展空间。

区域经济一体化趋势下，国内各省市间的经济交流与合作日益加强，以经济地带、经济圈、城市圈、生态功能区为新业态的区域经济竞合使得我国经济发展呈现块状、点状特征，边缘地区的经济区位进一步被弱化。这使边缘地区分享区域经济一体化发展的成果、参与市场竞争面临着严峻的挑战。

发达地区的资源要素和劳动力成本上升、产业利润空间压缩，发达区域的部分企业顺应区域比较优势的变化，通过跨区域直接投资，把部分产业的生产转移到边缘地区进行。应当看到的是，现实中转移过来的一些项目或企业与本地企业之间的关系仅限于产品链的简单联系，本地企业只是充当产品加工的配角，处于产业集群内产品链的末端，只承担简单劳动分工；外来企业与本地产业联系弱，与当地相关产业前向、后向关联效应差，经济带动性不强，使本地企业边缘化加剧，生存空间被压缩，不利于当地产业系统的升级与优化。

区域产业发展政策对边缘地区经济发展也有一定的制约作用。政策制度资源作为政府提供的准公共品，对边缘地区经济的发展有重要影响。边缘地区因经济发展缓慢，往往受到政策制度歧视，大国范围内这种政策偏向、中心经济地带政

策偏向已是司空见惯，然而这种偏向政策通常是在一种假象的公平环境下直接或间接损害边缘地区经济发展基础上制定推行的，这是因为边缘地区经济发展与中心经济地带的差距明显，且中心经济地带的快速发展更有利于政府财税目标的实现，这也是政府政策在一开始就具偏向性的根本原因，它们站在同一起跑线上遵守政府政策规则，其结果必然是边缘地区经济发展受到抑制，不利于产业系统的发展。

### 6.1.3 边缘地区主导产业发展后劲充足

边缘地区主导产业自身发展具备一定的后发优势，边缘地区经济越落后，其工业化的起步就越缺乏联系性，而呈现出一种由制造业的高速成长所致的突然的大跃进进程；边缘地区经济越落后，其工业化所需资本的动员和筹措越带有集权化和强制性特征。

随着改革开放的深入，中西部内陆地区与发达地区间的劳动力、资金、信息资源等流动日趋频繁，边缘地区在劳务经济的带动下实现了经济快速增长，在与地区经济合作过程中逐步建立了较为完善的基础工业设施。

边缘地区还具有跨越式发展的体制动力，政府积极为主导产业发展创造较为宽松的体制环境；同时，新一轮城镇化进程的推进将进一步推动边缘地区主导产业跨越式发展，促进边缘地区经济增长。

### 6.1.4 边缘地区主导产业的发展受到自身多方面制约

边缘地区产业发展面临先天的历史文化因素制约、自然资源禀赋制约、经济地理区位制约，也面临资金人才制约、政策制度资源制约和信息条件制约，但根本制约因素在于科技创新能力薄弱。

科技创新能力不强一直是我国产业发展的瓶颈，究其原因主要有3个方面：一是科技创新环境较差，这与知识产权制度建设滞后、科技创新意识缺失相关。在技术创新方面，大中型企业没有挑起科技创新的大梁，创新绩效较低，技术引进水平低并且吸收能力差，创新激励机制缺失，不创新的思想蔓延，以致形成一种“创新规避症”。二是科技创新硬件、软件建设力度不够。国家级的产业技术中心、实验室、科技资源共享平台等建设无论在数量还是质量方面，均不能满足产业发展对技术创新硬件的需求，并且科技创新人才队伍建设缺乏必要的规划和激励机制，这些极大地限制产业科技创新能力。三是创新机制不顺畅。经过科教兴国战略与创新型国家建设的扎实推进，我国科研院所在这一时期获得长足的发展，但科研院所与企业之间的科技创新机制并未就此得到较好的运行，官产学研、产学研往往停留在口号、形式上，在利益分配机制方面难以妥善处理，创新成果保护与扩散的无序化极大地挫伤了科研人员创新活动的积极性。在这样的大环境下，边缘地区科技创新能力不仅面临严峻的人才制约，还面临资本制约，仅靠技术引进之路难以实现边缘地区产业技术水平的整体提升，高昂的技术引进成本也使得原本面临资金短缺的边缘地区主导产业坚持走技术引进之路缺乏动力。

### 6.1.5 SWOT 分析结论

根据 SWOT 分析框架（如表 6－1 所示），得出结论如下：

第一，边缘地区要坚持错位发展，与毗邻区域积极开展基础设施、产业与投资、商务与贸易、农业、科教文化、信息化建设、环境保护等方面合作，积极培育本地区主导产业健康快速持续发展。

第二，边缘地区要积极争取区域产业政策支持，立足自身的产业基础，发展特色产业、优势产业，积极扶持基于中小企业发展的主导产业形成与发展壮大。

第三，边缘地区要创造宽松的政策体制环境，积极进行产业承接、产业对接，促进基于产业转移的主导产业形成与发展。

第四，边缘地区积极争取区域产业政策支持，吸引资金、人才、技术和管理经验等的流入，通过科技园区建设、创新科技政策，促进基于科技创新的主导产业形成与发展。

**表 6－1 边缘地区主导产业培育 SWOT 分析框架**

| SWOT 分析 | **相对优势 S**<br>S1 经济快速增长<br>S2 完善的基础工业设施<br>S3 宽松的体制环境<br>S4 后发优势 | **相对劣势 W**<br>W1 自然资源禀赋制约<br>W2 经济地理区位制约<br>W3 资金人才制约<br>W4 政策制度资源制约<br>W5 科技创新能力薄弱 |
|---|---|---|
| **机会 O**<br>O1 区域轮动与产业轮动<br>O2 科技创新的外溢效应 | **SO 结论**：创造宽松的政策体制环境，积极进行产业承接、产业对接，促进基于产业转移的主导产业形成与发展 | **WO 结论**：积极争取区域产业政策支持，吸引资金、人才、技术和管理经验等的流入，通过科技园区建设、创新科技政策，促进基于科技创新的主导产业形成与发展 |
| **威胁 T**<br>T1 产业竞争加剧<br>T2 边缘化加剧<br>T3 沦为经济附属地的可能性加大<br>T4 区域产业发展政策 | **ST 结论**：充分发挥后发优势，大力营造软环境，做好产业对接、产业承接工作；争取区域产业政策支持，立足自身的产业基础，发展特色产业、优势产业，积极扶持基于中小企业发展的主导产业形成与发展壮大 | **WT 结论**：坚持错位发展，与毗邻区域积极开展基础设施、产业与投资、商务与贸易、农业、科教文化、信息化建设、环境保护等方面合作，积极培育本地主导产业健康快速持续发展 |

边缘地区主导产业的发展既有来自跨国公司加快全球扩张、国内区域轮动、产业轮动进程加快带来的机遇，也面临产业竞争日趋白热化、边缘地区经济区位进一步被弱化和区域产业发展政策带来的挑战；边缘地区主导产业的发展既要发挥自身具备的产业发展基础和较为宽松的体制环境优势，也需在克服自然资源禀赋制约、经济地理区位制约、资金人才制约、信息条件制约、科技创新能力制约方面做出积极努力，要合理选择主导产业培育模式，通过一系列强有力的主导产业培育政策，使边缘地区主导产业能够健康、持续、快速地发展。

## 6.2　边缘地区主导产业培育的原则

根据边缘地区主导产业培育的 SWOT 分析结论，边缘地区政府要集中有限资源，合理确立主导产业培育数目以及培育优先序，尽快促进主导产业的形成与发展；要加大对中小企业发展的支持力度，促进产业集聚的形成，为主导产业发展的微观基础创造良好的发展环境；要积极进行软环境建设，促进产业对接产业转移的顺利进行，提升主导产业竞争力。通过对主导产业的培育，优化边缘地区资源的合理配置，带动区域经济的快速增长，促进产业结构调整与优化，推动边缘地区经济、社会、环境的协调发展。

### 6.2.1　确立主导产业培育的优先序

边缘地区主导产业一旦确立，便意味着整个边缘地区社会优势资源将流向主导产业。从某种程度讲，根据边缘地区经济发展实际情况合理确立主导产业培育数目以及培育优先序将是边缘地区科学配置社会优势资源的必然选择。边缘地区主导产业培育优先序不仅指时间上的优先序，更是指在培育过程中资源流向上的优先序。

边缘地区经济发展往往较中心区域、经济地带滞后一个甚至几个阶段，且现阶段我国整体处于工业化中期，这意味着边缘地区经济发展更多的是处在工业化初期阶段，当然，这需要根据每个地区经济具体发展情况，参照钱纳里经济发展阶段标准来判断。但基本可以断言，在发展中的大国内边缘地区经济处于发展较低阶段，并且我国这种“中心—边缘”的地区发展差距在进一步拉大。此外，边缘地区还面临较为严峻的资金短缺、人才匮乏、管理落后等问题。因而，边缘地区所培育的主导产业数目不宜过多，以便将有限资源集中起来形成一定的培育地区主导产业的合力。

确立主导产业培育的优先序是有效集中有限资源发展地区经济最为细致也是最为关键的步骤，其依据与判断方法为：第一步，主导产业的整体评价状况，主要是根据选择主导产业过程中经过一系列的准则评价得出的整体综合评价结果来判断，评价结果越优，其优先序越靠前；第二步，主导产业发展对经济增长的带动作用，主要是根据所选的各主导产业部门对经济增长的实证分析结果判断，评价结果显示对经济增长带动作用越大的产业其优先序越靠前；第三步，主导产业发展对边缘地区社会效益的贡献，贡献越大的产业其优先序越靠前；第四步，主导产业发展对产业结构升级的促进作用，主要根据所选各主导产业发展与边缘地区产业结构相关性大小以及对产业内部结构升级的贡献来判断，主导产业与边缘地区产业结构相关性越强、对产业内部结构升级的贡献越大，其优先序越靠前；第五步，综合运用德尔菲法、层次分析法，赋予第 1 ~4 步每步骤权重，得出最终的主导产业培育优先序。

### 6.2.2 注重相关产业的协调发展

边缘地区培育的主导产业要在地区经济发展中发挥促进作用，除具备一些基础发展条件外，更多地需要相关产业的协同配合，尤其要注重与基础产业、潜导产业的协同发展。边缘地区经济发展过程中，主导产业成长及其产业链的延伸和扩展，影响着边缘地区城市化水平提升和城乡一体化进程。

第一，重视基础产业发展，强化基础设施建设和公共服务产品供给。一方面，边缘地区主导产业本身具有较强的产业关联效应和良好的社会效益。但边缘地区产业结构较为松散简单，往往以农业、采掘业为产业主体，产业链较短。因而，边缘地区主导产业培育必然受到基础产业发展水平的制约，基础产业发展状况直接影响主导产业的发展，重视基础产业发展对于边缘地区主导产业的成长及其产业链的延伸和扩展具有显著的战略意义。另一方面，主导产业发展的产业政策、公共服务产品供给也是使其成为区域经济发展核心的重要保障。政府应尽全力建设地方硬件和软件设施，加强农业基础设施、网络信息化建设等基础设施建设，加大公共服务产品的供给，加强道路交通网络化建设，打通边缘地区与中心城镇、经济地带的经济发展通道，分享中心地区、经济地带经济发展的成果，扩大区域间产业发展与融合。

第二，重视培育潜导产业。潜导产业是主导产业的前身，同样具有较高的增长率以及产业关联度。从产业发展生命周期以及产业发展连续性与替代性特征看，相比主导产业而言潜导产业也可称为新兴主导产业，现有主导产业则对应着支柱产业或夕阳产业，潜导产业则是在未来一段时期引领经济发展、实现产业结构优化升级的朝阳产业，边缘地区培育潜导产业战略意义重大，需全面考察经济一体化下国家产业结构调整战略、边缘地区产业系统特点、社会资源与自然资源特点、毗邻经济区与经济地带特点，积极培育有特色、有潜在发展能力的产业，使其能够在未来带动边缘地区经济社会全面发展。

### 6.2.3　重视对中小企业发展的支持

一方面，从边缘地区主导产业形成路径可以看到，中小企业发展是边缘地区主导产业形成的最重要源泉，重视中小企业发展为边缘地区主导产业产生提供了更多可能；另一方面，从边缘地区经济发展实践上看，边缘地区支柱产业往往以大企业形式存在，而潜导产业、主导产业多以中小企业居多。诚然，大型企业或企业集团在市场竞争中能获得规模经济效应，但中小企业在边缘地区产业结构演化中也扮演重要角色，对产业聚集起着至关重要的作用，同时中小企业自身也有许多大型企业所不及的发展优势。

第一，加大对中小企业的扶持有助于主导产业的培育发展。从地方主导产业的演化路径看，产业集群的形成与发展是主导产业形成的必经路径。考察我国20世纪80年代至21世纪初江浙地区产业集群发展史，不难发现中小企业在整个江浙地区主导产业形成过程中明显地占主体地位。以江苏苏南地区产业集群形成为例，20世纪80年代乡镇企业异军突起，一批夹缝中求生存的企业在政策优惠诱导等原因下逐步向开发区集中迁移。此间，企业的迁移并非有序，各个企业间关联性以及开发区产业布局理念均未得到体现，但是这种大量企业集聚现象为产业集聚提供了前提。20世纪90年代，苏南地区开发区在招商引资过程中将产业集聚进一步做实，为凸显地区产业竞争优势奠定基础，也为产业集群规模发展提供基础。从中可以看出，正是中小企业的集聚形成的产业集聚，再从产业集聚向产业集群演化，促成了苏南地区主导产业的形成与发展。这为培育边缘地区主导产业提供了良好的借鉴意义，即从大时间尺度看，中小企业的发展、企业集群的产生、产业集聚的出现是主导产业产生发展的最重要路径。

第二，从边缘地区产业发展的内外部环境看，边缘地区主导产业的形成与发展更加依赖于中小企业的发展。就边缘地区产业结构而言，支柱产业通常是地区初具规模的大型企业或企业集团，其市场占有率、产值利税、就业规模等较高，主导产业则主要是以中小企业形式存在，潜导产业更是以规模小的中小企业组织形式发展。因而，有选择性、有针对性地加大对相关中小企业扶持必将有助于主导产业的发展，有助于潜导产业的培育，这是边缘地区采取集中优势资源重点发展主导产业的体现，也符合我国地方主导产业演化发展的一般规律，更契合边缘地区产业发展特点，对于边缘地区产业集聚、产业集群发展均具有积极的促进作用。

第三，重视发挥中小企业的发展优势有助于形成合理的产业组织模式。大型企业或企业集团与中小企业在社会分工合作方面具有密切的竞合关系，且这种竞合关系随着经济发展阶段不同而不断演化。重视中小企业与大型企业或企业集团之间产业组织关系建设，不仅有助于地区基础产业、潜导产业、主导产业、支柱产业的有序发展，还有助于形成合理的产业组织模式，促进主导产业发展。

### 6.2.4 理性对待产业梯度转移

边缘地区承接产业梯度转移是边缘地区主导产业形成发展的重要途径之一。产业转移对边缘地区的经济发展具有显著的促进作用，填补长期存在的资金和技术缺口，促进了产业结构的升级和技术创新，同时也提供了大量的就业机会，加快了边缘地区市场化和国际化进程。产业转移对边缘地区主导产业形成和发展的积极影响主要表现在4个方面：一是为边缘地区提供巨大的资金支持，边缘地区资本、技术等生产要素较为稀缺，产业转移往往伴随着大量资本、成熟技术的转移，对边缘地区主导产业形成和发展具有显著的促进作用；二是产业的扩散效应将带动相关产业的同步发展，尤其是对基础产业的带动作用显著；三是产业转移有助于边缘地区产业结构优化升级，产业转移主要以成熟的制造工业转移为核心内容，有助于边缘地区第二产业的完善与巩固，对于边缘地区主导产业体系发展与完善意义重大；四是提升了边缘地区的主导产业竞争力，无论是在主导产业技术创新能力的提升上，还是在主导产业整体市场影响力、竞争力增强上，都将获得新的机遇，全面提升主导产业核心竞争力，推进边缘地区产业结构调整与优化。

同时应看到，盲目的产业承接可能造成本地区产业结构性失衡、降低边缘地区环境承载能力、加剧边缘地区的发展路径依赖，容易使边缘地区沦为经济依附地。

首先，边缘地区产业结构多以第一产业、第二产业占比较大，不合理的产业承接将加大第二产业比重，同时还有造成地区产业同构的可能，阻碍区域要素资源的良性流转，不利于边缘地区产业结构调整。

其次，加重边缘地区生态承载压力。边缘地区的产业承接一般是基于区域轮动背景下进行的，由于其经济发展水平的客观现实，边缘地区更多会承接大量粗放型、劳动密集型的制造业，这势必加重边缘地区生态环境承载压力，也不利于劳动力素质和生活质量提升，为地区可持续发展埋下了隐患。

再次，加剧边缘地区经济发展的路径依赖。边缘地区政府在发展地区经济社会的实践中，在地区经济发展的初期由于客观或者人为因素的影响会进入低效率发展的路径依赖怪圈，即边缘地区原有低效率发展路径的形成往往是由于区域位置不利、资源利用不合理或者区域政策等的影响，对区域经济发展的启动构成限

制，如果与自然地理、行政管理因素结合构成封闭、偏远、非中心的位置和地理环境，已有资源很难得到高效利用，本区域又不能够对外界资源和技术形成吸引力，那么这一区域的发展模式只能在低层次徘徊，即发展路径依赖。在区域轮动背景下，边缘地区政府更多地依靠优惠的政策、可粗放利用的资源、丰富的廉价劳动力资源等来吸引产业转移，转移过来的产业往往是粗放利用资源、落后生产能力和高耗能、高排放等项目，这会加剧边缘地区经济发展的路径依赖，非常不利于主导产业的产生与发展。

最后，边缘地区承接落后产业转移可能使本地区沦为经济依附地。从产业结构演进时空规律看，地区产业结构是从低附加值劳动密集型产业向高附加值的资本密集型、技术密集型产业转变，边缘地区承接转移的产业多为低附加值的劳动密集型产业，虽在一定程度上有利于本地区人力资源的优化配置，但长久看会因此固化而陷入区域产业分工的底端，落后于中心地区，成为中心地区的经济依附地，这非常不利于边缘地区主导产业的形成与发展。

## 6.3 边缘地区主导产业培育的模式

综合考虑边缘地区经济发展阶段、产业结构现状、产业基础与发展能力以及与毗邻经济圈或经济地带的关系，根据主导产业培育过程中政府承担的角色，可选择以下几种模式培育边缘地区主导产业。

### 6.3.1 政府主导型

政府角色：制定培育规划、倾尽全力培育主导产业，促进主导产业实现跨越式发展，包括基础产业的支持、关联产业的支持；改善产业发展环境，强化基础设施建设，制定较为详细的税费扶持政策。

适用阶段：边缘地区经济发展阶段处于工业化初期及以前阶段，边缘地区与中心区域间发展差距较大，产业结构不完善。

### 6.3.2 政府与市场混合型

政府角色：加强引导主导产业参与市场化建设，积极配合主导产业参与区域市场竞争，为主导产业的进一步发展壮大提供必要的政策支撑体系。

适用阶段：边缘地区经济发展处于工业化中期，边缘地区与中心区域间发展差距逐步缩小，具备一定的产业基础与发展能力。

### 6.3.3 市场主导型

政府角色：加强地区市场化建设，为保障产业有序竞争提供良好的外部环境，并逐步退出对主导产业的直接干预，放松对产业的经济规制，强化社会规制，引导其健康快速发展。

适用阶段：边缘地区经济发展处于工业化后期及现代社会，边缘地区与中心区域经济融为一体，产业结构较为完善。

边缘地区培育主导产业的模式选择，应该根据经济发展的不同阶段、产业发展的特点审慎选择。边缘地区经济发展处于低级阶段、产业结构不完善时，应该选择政府主导型模式；边缘地区经济发展处于中级阶段、具备一定的产业基础与发展能力时，应该选择政府与市场混合型模式；当边缘地区经济发展与区域经济融为一体、产业结构较为完善时，应该选择市场主导型模式。

## 6.4 边缘地区主导产业阶梯培育过程

边缘地区主导产业的培育是一个阶梯式、循环有序的过程（如图 6－1 所示），政府在经济发展的各阶段、产业发展的各阶段均遵循有的放矢的原则，力求通过主导产业跨越式发展，促进产业结构优化升级，带动经济突破式增长。

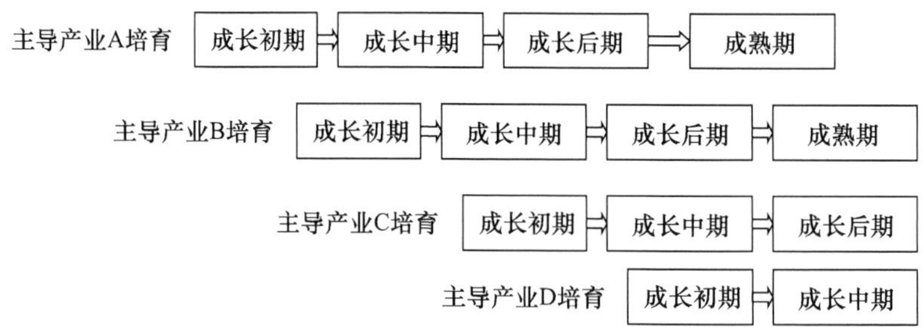


**图 6－1　边缘地区主导产业阶梯培育过程**

从图 6－1 可以看到，主导产业培育是一个遵循产业结构演进规律的交替循环的阶梯式过程，当主导产业 A 培育进入成长中期的时候，对主导产业 B 的培育随即启动，二者并行不悖，同时保持对主导产业 A 的深度培育，直至主导产业 A 发展至成长后期，主导产业 A 和主导产业 B 的交替将很快被主导产业 C、主导产业 D 等更多的产业所取代。需要指出的是，主导产业 A、主导产业 B、主导产业 C、主导产业 D 等所指的是每一时期边缘地区所确立的主导产业或产业群，并非单一产业。

在同时期边缘地区政府往往将对几组主导产业进行培育扶持，这给边缘地区整个培育过程提出了更高的要求，即在资源有限的情况下，同时对诸多产业进行扶持并达到一定的产业发展目标。因此，在培育过程中要突出重点、突出批次、突出时限，缜密处理培育各项事宜。这要求边缘地区政府在主导产业培育时，先选出对经济社会中长期影响力较大的产业作为重点培育对象；在同时出现多个培育重点时，以先后顺序为主要准则，参考经济社会发展基础，灵活处理培育批次和培育顺序；对每一批次主导产业的培育要把握时限，以资源的优化配置为根本原则，当主导产业进入成熟后期时，政府对其培育应逐渐退出。

实际上，由于边缘地区主导产业系统经常以多个产业并行发展为主要特征，在某一时点，各主导产业会处于不同发展阶段，此时的政策供给也表现为复杂多样性。由于内外部因素的作用，可能会使得某主导产业跨越式发展，跳过某些发展阶段直接进入更高阶段；也有可能因内外部原因没有发展起来，甚至表现为退缩状态，即主导产业发展过程表现为多样性和多变性。

为更好说明此问题，这里给出一个单一边缘地区主导产业培育政策供给模型：

$$PI_{i,t}=f(I_i,\ R_j,\ S_k) \tag{6-1}$$

式中，$I_i$ 表示边缘地区主导产业类型，$i=1,\ 2,\ 3,\ \cdots,\ n$。

$R_j$ 表示边缘地区主导产业形成路径，$j=1,\ 2,\ 3$，分别表示基于产品市场优势的边缘地区主导产业形成路径、基于区域轮动产业轮动背景下的边缘地区主导产业形成路径、基于科技创新的边缘地区主导产业形成路径。

$S_k$ 表示主导产业的成长阶段，$k=1,\ 2,\ 3,\ 4,\ 5$，分别表示主导产业的形成阶段、成长初期、成长中期、成长后期、成熟期。

$PI_{i,t}$表示 $t$ 时期对某一主导产业 $I_i$ 的培育政策供给，由边缘地区主导产业类型、其形成路径、所处成长阶段决定。

在 $t$ 时期，边缘地区对所有主导产业的政策供给为：

$$P=\{PI_{i,t}\} \tag{6-2}$$

对其进行解读，我们发现，在 $t$ 时期的产业政策 $P$ 会作用到处于不同发展阶段的主导产业，会使某一主导产业跃升到高一级阶段，但此时并不一定需要进行新的政策供给，因为在 $\{P_{i,t}\}$ 中存在高一级阶段的政策，有可能适用于对此主导产业进行培育扶持，在高一级阶段政策作用下，该产业可能会实现跨越式增长，成为边缘地区的支柱产业。更重要的是，在产业集聚、产业融合作用下，会使得某一主导产业培育政策作用到不同产业，或多个主导产业培育政策作用到某一个主导产业，对主导产业的成长速度产生较大影响，从而使主导产业培育过程表现为多变性和多样性。

从模型可以看出，虽然边缘地区主导产业政策供给异常复杂，但从边缘地区主导产业的形成路径看只有 $R_1$、$R_2$、$R_3$，即基于产品市场优势的边缘地区主导产业形成路径、基于区域轮动产业轮动背景下的边缘地区主导产业形成路径、基于科技创新的边缘地区主导产业形成路径，在其培育初期阶段各产业依然会延续原来路径发展，因此在培育初期阶段要整合各类主导产业政策资源，分类对基于产品市场优势的边缘地区主导产业、基于区域轮动产业轮动背景下的边缘地区主导产业和基于科技创新的边缘地区主导产业进行培育，这从理论上解释了边缘地区重视中小企业发展、加强产业对接、产业承接、积极进行开发区建设的必要性。

## 6.5 边缘地区主导产业培育的途径

边缘地区主导产业培育是一个循序渐进的过程，由于产业环境变化激烈、产业竞争加剧、产业转移速度加快，边缘地区政府必须整合主导产业培育的各类资源，使各主导产业尽快形成、发展、壮大，发挥主导产业带动作用，加快地方经济社会发展。

### 6.5.1 培育专业化市场，整合各主导产业培育的制度资源

边缘地区专业化市场培育重点涵盖理顺市场机制、建立市场制度保障体系两大方面。培育有一定规模和影响力的专业化市场，可以整合边缘地区各主导产业的市场资源，加速各产业之间的交流与协作，形成激励相容的产业政策，有助于产业集聚的形成，促进主导产业稳定发展。

边缘地区产业发展面临的困境之一便是专业化市场力量过小，常出现有产品无市场的尴尬境地。各类子市场交易以对手交易、合同交易等较为原始的交易方式为主导，以致产业市场发展规模被分割得七零八落，而这样的市场既没有监督管理机制，也较少存在道德约束，市场机制运行不畅，信息不对称产生的市场失灵、政府干预缺乏必要激励，产生的政府失灵极大地限制产业发展，更对边缘地区主导产业的发展带来不利影响，使其关联、带动作用不易发挥。

边缘地区培育专业化市场，将同类企业产品集聚于一个市场交易区，形成一定的市场规模，不仅有助于生产同类产品企业之间的良性竞争，也促进了地区产

业内企业间的交流与合作；有利于形成监管明晰、激励相容的政府干预制度，维护市场机制良性运转；有助于节约交易成本，提升交易效率，形成集聚优势。

### 6.5.2 壮大龙头企业，整合各主导产业培育的产业集聚资源

强化龙头企业的带动作用以及各产业龙头企业之间的合作交流，整合各产业资源，有助于产业集聚的产生与发展，对边缘地区处于各个阶段的主导产业培育有明显的、积极的作用。龙头企业的规模较大、经济效益好、带动能力强、产品具有市场竞争优势、科技含量高、市场潜力大，有较健全的市场营销网络，市场份额在同类产品中居前列，且较稳定。龙头企业的快速成长对边缘地区主导产业培育的积极作用在于：一是有利于树立本地区同类企业发展的信心，激发企业快速发展的动力和潜力；二是有利于产业形成雁型发展的良好局面，由龙头企业作为“领头雁”，其他企业跟进，实现整个产业的并行快速发展。

边缘地区龙头企业的产生有两个途径：一是基于资源禀赋、产品优势或市场能力，本地成长起来的对同行业其他企业具深远的影响、很强的号召力和一定的示范引导作用，并对该行业或边缘地区做出突出贡献的企业；二是在区域轮动、产业轮动的经济发展趋势下，边缘地区积极进行产业对接、产业承接，使具有明显资金优势、技术优势、产品市场优势、管理优势、产业创新优势的大项目、大企业落户到边缘地区，促进其发展成为当地的龙头企业。

### 6.5.3 促进产业技术创新，整合各主导产业的产业融合能力

在主导产业培育过程中，整合各产业技术创新能力，使技术创新成果在各产业间扩散融合，有助于产业融合发展，加快边缘地区主导产业发展，促进产业结构升级优化。

极化效应形成了边缘地区与中心城市较大的产品价格、生产要素“剪刀差”，造成边缘地区价格较低的农产品、优质的劳动力、本就不丰裕的资金大量流向中心城市，严重削弱产业技术创新能力，使得边缘地区产业技术创新能力不强、产业技术创新绩效较低。边缘地区政府要积极促进产业技术创新，整合各主导产业的产业融合能力。当前，强化边缘地区产业技术创新能力方式有3种：一是高位嫁接改造传统产业，采用先进技术对传统产业进行深层次甚至是脱胎换骨式的改造；二是渐进式的技术创新，由传统产业自身集聚技术创新能力，从制造工艺、产品设计、管理创新等方面进行技术创新，达到改造提升传统产业的目的；三是通过积极进行产业创新平台建设，在土地供应、基础设施、资金匹配等方面予以配套，推进各产业有创新能力的重点企业发展，促进各产业技术创新能力的形成。

## 6.6 边缘地区主导产业培育效果评价

边缘地区主导产业经过一段时间培育后，还要对其进行培育效果的检验。依据边缘地区主导产业选择评价指标体系，要综合评价所培育的主导产业与经济增长的关联性、对产业结构优化升级的作用、对经济发展的贡献，以确定主导产业选择方案合理、培育有效与否，并根据评价结果适当调整主导产业部门和培育措施。

### 6.6.1 主导产业发展与经济增长的关联性测度

由于边缘地区的经济发展滞后，各期产业统计口径不一并且数据残缺性严重，这使得常用的多元回归计量经济模型难以通过基本的计量检验。本书将分析主导产业发展与经济增长的关联性的研究方法确定为灰色关联度分析法。

灰色关联度分析法（Grey Relational Analysis）对于一个系统发展变化态势提供了量化的度量，非常适合动态（Dynamic）的历程分析。灰色关联度分析能有效克服数据缺陷造成的计量难题，并且能在不完全信息中较好地描述各确定因素之间的相关关系，从而找出各因素之间的影响程度。

（1）指标的确立。确定主导产业发展对经济增长的影响程度，首先需要找到主导产业的产出水平和经济增长水平的衡量指标。对于单一产业产出水平的衡量而言，学界一般用产业增加值指标来反映该产业的产出水平；对于经济增长水平的衡量，则用 GDP、GDP 增长率、人均 GDP3 个指标来反映。根据边缘地区统计数据可得性和计量可操作性，可选择 GDP、各产业部门的增加值作为衡量指标。

（2）模型的建立。需要指出的是，在求证所选的主导产业发展对经济增长带动作用时，有必要将其他产业的发展作为参照系。由于边缘地区处于工业化初期或刚刚进入工业化中期，主导产业的选择应该以完善工业发展为主要方向。在此，将第二产业划分为主导产业（$X_1$）、非主导第二产业（$X_2$）连同第一产业（$X_3$）、第三产业（$X_4$）一起作比较数列，采用各年 GDP 和各产业的增加值的时间序列作为基础资料，建立灰色系统关联模型，以此来分析主导产业发展与经济增长的相关关系，意在验证主导产业发展对经济增长的突出性带动作用，同时将所选主导产业各部门对经济增长的带动作用进行排序，找出主导产业培育发展的优先序。

主导产业发展增速均比同期 GDP 增速高，倘若直接将主导产业（$X_1$）、非主导第二产业（$X_2$）连同第一产业（$X_3$）、第三产业（$X_4$）直接一起作比较数列构建灰色系统关联模型，其估算结果将与经济事实相反（赵玉林，2009）。这要求对数据进行无量纲化和统一化，以保证数列间和各因素具有等效性和同序性。第一步，将 4 个数列每年的增加值（$X_{it}$）除以当年的 GDP（$G_t$）；第二步，将 4 个数列基年的增加值（$X_{i1}$）除以当年 GDP（$G_1$）作为基数；第三步，将第一步得到的数列除以第二步对应的基数得到数列 $X_i$（$i=1, 2, 3, 4$），即：

$$X_i=(X_{it}/G_t)/(X_{i1}/G_1)(i=1,\ 2,\ 3,\ 4;\ t=1,\ 2,\ \Lambda,\ 10) \tag{6-3}$$

为研究的需要，直接将主导产业（$X_1$）作为参照数列，其他数列为被比较数列（$X_i$），并定义为：

$$X_1=\{X_1(1),\ X_1(2),\ \Lambda,\ X_1(n)\};\ X_i=\{X_i(1),\ X_i(2),\ \Lambda,\ X_i(n)\}$$

主导产业（$X_1$）与被比较数列（$X_i$）在 $t$ 时期的关联系数为：

$$\varepsilon_i(t)=\frac{\min_i\min_i|X_1(t)-X_i(t)|+\mu\max_i\max_t|X_1(t)-X_i(t)|}{|X_1(t)-X_i(t)|+\mu\max_i\max_t|X_1(t)-X_i(t)|} \tag{6-4}$$

式中，$|X_1(t)-X_i(t)|$、$\min_i\min_i|X_1(t)-X_i(t)|$和 $\max_i\max_t|X_1(t)-X_i(t)|$分别表示 $t$ 时期主导产业($X_1$)与被比较数列($X_i$)的绝对差、两极最小差、两极最大差，$\mu$ 是为提高关联系数之间的差异显著性而设立的，称为分辨系数，$\mu\in(0,1)$，实际应用中通常取值为 0.5。据此，得到主导产业($X_1$)与被比较数列($X_i$)的关联度为：

$$\gamma_i=\frac{1}{n}\sum_{1}^{n}\varepsilon_i(t) \tag{6-5}$$

取被比较数列（$X_i$）中每一 $t$ 时点的最大值即为最优态。

借此，可以比较主导产业（$X_1$）、非主导第二产业（$X_2$）连同第一产业（$X_3$）、第三产业（$X_4$）与经济增长的关联程度。

### 6.6.2 主导产业对经济发展的贡献率测度

考察主导产业对经济增长的贡献率，主要考察主导产业增加值的增长速度对 GDP 增长的贡献率，以此得到主导产业对经济增长的贡献率，同时还要考察主导产业各部门增加值增长对 GDP 增长贡献率、各主导产业部门增加值率、销售利税率、固定资产产值率、全员劳动生产率，以此考察主导产业部门对经济发展的贡献。

（1）主导产业增加值的增长速度对经济增长的贡献率。对于主导产业增加值的增长速度对经济增长的贡献份额的计算，首先采用（$\phi_G$）来衡量主导产业增长对经济增长拉动的效果，即用主导产业增加值的增长量（$\Delta NT$）比上 GDP 的年增长量（$\Delta GDP$），再乘以经济增长速度（$V_{GDP}$），其计算公式为：

$$\phi_G = \frac{\Delta NT}{\Delta GDP} \times V_{GDP} \qquad (6-6)$$

于是，将主导产业的增加值的增长占经济增长的份额比上经济增长速度，便得到主导产业增加值的增长速度对经济增长的贡献率（$\eta_G$），计算公式为：

$$\eta_G = \frac{\phi_G}{V_{GDP}} \qquad (6-7)$$

按照式（6－6）、式（6－7）的计算处理原理，还可以计算主导产业对第二产业增长的拉动（$\phi_1$）以及主导产业增加值的增长对第二产业增加值增长速度的贡献率（$\eta_1$），计算公式为：

$$\phi_1 = \frac{\Delta NT}{\Delta HT} \times V_{HT}$$

$$\eta_1 = \frac{\phi_1}{V_{HT}} \qquad (6-8)$$

式中，$V_{HT}$为第二产业增长速度，$\Delta HT$ 为第二产业增加值的增长量。

根据式（6－6）、式（6－7）、式（6－8）测算出主导产业总体发展速度对经济增长的贡献度，同时还测算出主导产业对第二产业增长的贡献度，包括主导产业增加值的增长对经济增长的拉动和贡献率、主导产业增加值的增长对第二产业增长拉动和贡献率。

（2）主导产业各部门对经济发展的贡献。主要考察主导产业各部门增加值增长对 GDP 增长贡献率、各主导产业部门增加值率、销售利税率、固定资产产值率、全员劳动生产率，计算方法略。

### 6.6.3 主导产业发展对产业结构优化升级作用

主导产业发展对产业结构优化升级作用主要表现为主导产业发展对工业劳动结构升级、工业资本结构升级、工业环境结构升级的贡献水平上。选取主导产业增加值作为主导产业发展的代表变量，选取工业全员劳动生产率作为工业劳动结构升级的代表变量，选取工业成本费用利润率作为工业资本结构升级的代表变量，选取单位工业增加值固体废弃物产生量作为工业环境结构升级的代表变量，以此评价主导产业发展对产业结构优化升级作用。

（1）主导产业发展与产业结构变动关系的时间序列分析。为找出主导产业发展对产业结构演进的作用，选取 3 次产业增加值占 GDP 的比重作为产业结构变动的代表变量，同时选取主导产业增加值作为主导产业发展的代表变量，对于模型的设立形式，通过散点图作趋势线来确定主导产业发展与 3 次产业结构的函数形式，用主导产业增加值作为解释变量，3 次产业增加值占 GDP 比重为因变量，主导产业发展与产业结构变动关系的模型形式为：

$$\mathrm{Ln}Y_{it} = \alpha + \beta \mathrm{Ln}X_t + \varepsilon_t \quad (6-9)$$

$$Y_{2t} = \alpha + \lambda_1 X_t^2 + \lambda_2 X_t + \varepsilon_t \quad (6-10)$$

式中，$Y_{it}$表示 $t$ 时期第 $i$ 产业部门增加值占 GDP 的比重（$i=1$，3），$X_t$ 表示 $t$ 时期主导产业增加值，$\alpha$、$\varepsilon_t$ 分别表示常数项和随机变量。

（2）主导产业发展对工业劳动结构升级的贡献。以主导产业增加值作为解释变量（$X_t$），以工业全员劳动生产率作为被解释变量（$Y_t$），采用如下模型进行回归分析：

$$\mathrm{Ln}Y_t = \alpha + \beta \mathrm{Ln}X_t + \varepsilon_t \quad (6-11)$$

（3）主导产业发展对工业资本结构升级的贡献。以主导产业增加值作为解释变量（$X_t$），以工业成本费用利润率作为被解释变量（$Y_t$），仍采用模型(6-11)进行回归分析。

（4）主导产业发展对工业环境结构升级的贡献。以主导产业增加值作为解释变量（$X_t$），以单位工业增加值固体废弃物产生量作为被解释变量（$Y_t$），仍采用模型（6-11）进行回归分析。

通过以上计算，根据主导产业综合评价结果（如表6-2所示），结合边缘地区主导产业选择评价指标体系，运用德尔菲法，对边缘地区主导产业培育效果进行评价。根据评价结果，可对当前主导产业部门进行调整，使主导产业选择更准确、培育更有效，充分发挥主导产业的关联效应，促进地区产业结构优化升级。

**表6-2　主导产业培育效果综合评价**

| 评价项目 | | 评价指标或模型 | 评价结果 |
|---|---|---|---|
| 与经济增长的关联性程度 | | 灰色关联度分析法 | 所培育主导产业与经济增长的关联程度是否大于非主导产业与经济增长的关联程度 |
| 对经济发展的贡献 | | 主导产业增加值的增长对经济增长的拉动 | 主导产业增加值的增长对经济增长的拉动是否大于非主导产业增加值的增长对经济增长的贡献率或根据主导产业增加值的增长对经济增长的拉动效果直接判断 |
| | | 主导产业增加值的增长对经济增长的贡献率 | 主导产业增加值的增长对经济增长的贡献率是否大于非主导产业增加值的增长对经济增长的贡献率或根据对经济增长的贡献程度直接判断 |
| 对产业结构优化升级的作用 | 与产业结构变动关系的时间序列分析 | 回归分析 | 主导产业增加值与各产业的相关性 |
| | 对工业劳动结构升级的贡献 | 回归分析 | 主导产业增加值与工业内部的劳动生产率的相关性 |

续表

| 评价项目 | | 评价指标或模型 | 评价结果 |
|---|---|---|---|
| 对产业结构优化升级的作用 | 对工业资本结构升级的贡献 | 回归分析 | 主导产业增加值与工业成本费用利润率的相关性 |
| | 对工业环境结构升级的贡献 | 回归分析 | 主导产业增加值与单位工业增加值固体废弃物产生量的相关性 |

边缘地区作为后发地区，培育主导产业是实施非均衡发展路线的必然选择，也只有集中边缘地区有限的优势资源于发展效率高的主导产业上，方可以实现赶超战略，彻底摆脱落后、摆脱中心地区的破坏性牵制。主导产业培育是一项复杂艰辛的漫长工作，需要政府主导各职能部门紧密合作，在周密规划下循序渐进并根据其成长情况适时调整。

## 6.7 本章小结

边缘地区主导产业对经济增长、社会发展、产业结构调整优化均具有较为显著的促进作用和贡献，边缘地区培育主导产业对于地区经济社会跨越式发展意义重大，并且对边缘地区产业结构优化升级、有序演进有重要的推进作用。应该看到，边缘地区产业发展面临先天的历史文化因素制约、自然资源禀赋制约、经济地理区位制约，也面临资金人才制约、政策制度资源制约、信息条件制约。

边缘地区在培育主导产业过程中要坚持以下几个原则：一是合理确立主导产业培育的优先序；二是注重相关产业的协调发展；三是重视对中小企业的发展支持；四是理性对待产业梯度转移。

边缘地区培育主导产业的模式，应该根据经济发展的不同阶段、产业发展的特点审慎选择。边缘地区经济发展处于低级阶段、产业结构不完善时，应该选择政府主导型模式；边缘地区经济发展处于中级阶段、具备一定的产业基础与发展能力时，应该选择政府与市场混合型模式；当边缘地区经济发展与区域经济融为一体、产业结构较为完善时，应该选择市场主导型模式。

在培育过程中要突出重点、突出批次、突出时限，缜密处理培育各项事宜。对龙头企业的扶持，要有利于产业形成雁型发展的良好局面，由龙头企业作为“领头雁”，其他企业跟进，实现整个产业的并行快速发展。边缘地区培育主导产业的主要途径应从培育专业化市场、强化产业技术创新能力、强化龙头企业在产业中的带动作用3个方面着力。

# 第 7 章

# 实证分析

边缘地区主导产业选择合理与否，主要受主导产业选择方法影响，对选择方法的验证，需要经过主导产业的培育过程，评价所选主导产业是否真正发挥了关联作用、对产业结构优化升级的作用以及是否对经济发展做出了较大贡献。本章通过实证分析对所提出的边缘地区主导产业选择评价指标体系和培育模式进行验证。

## 7.1　实证边缘地区背景

在我国目前的经济运行体系中，虽然在市场机制的作用下形成了各层次的自然区域，但由于其界限模糊，区域特征并不明显。相反，我国行政地级城市是中国区域产业和区域经济的结合体，无论从产业还是从空间看，中国地级城市都是推行中国区域经济发展战略的天然载体，是中国区域经济发展的基本单元。在区域经济发展过程中，中国地级城市已经能够通过主导产业选择与培育来聚集和有效配置周边区域的资源、资本、人才、技术、科研等经济要素，促进城市本身的发展，而且能够通过较强的专业分工协作蔓延到周围腹地或更远的地方，推动着整个区域竞争力和组织协调力的增强。

乌兰察布市处于内蒙古自治区呼包鄂经济圈和锡赤通经济圈的中间地带（如图 7 - 1 所示），属呼包银经济带和环渤海经济圈的结合部（如图 7 - 2 所示），由于受行政区划、政府职能、政府行为等因素的刚性约束和地理环境、信息、交通等“边缘效应”的影响，加上自然条件、地理位置、市场观念、技术落后等原因，乌兰察布市经济发展呈现出欠发达性、分工不明确性、不可持续性

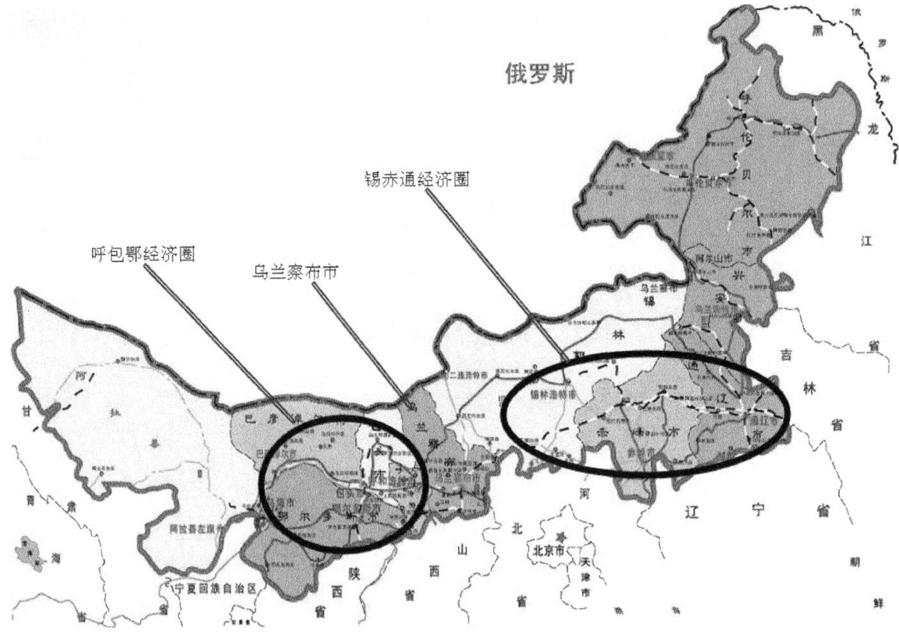


图 7－1　乌兰察布市在内蒙古自治区的区位图

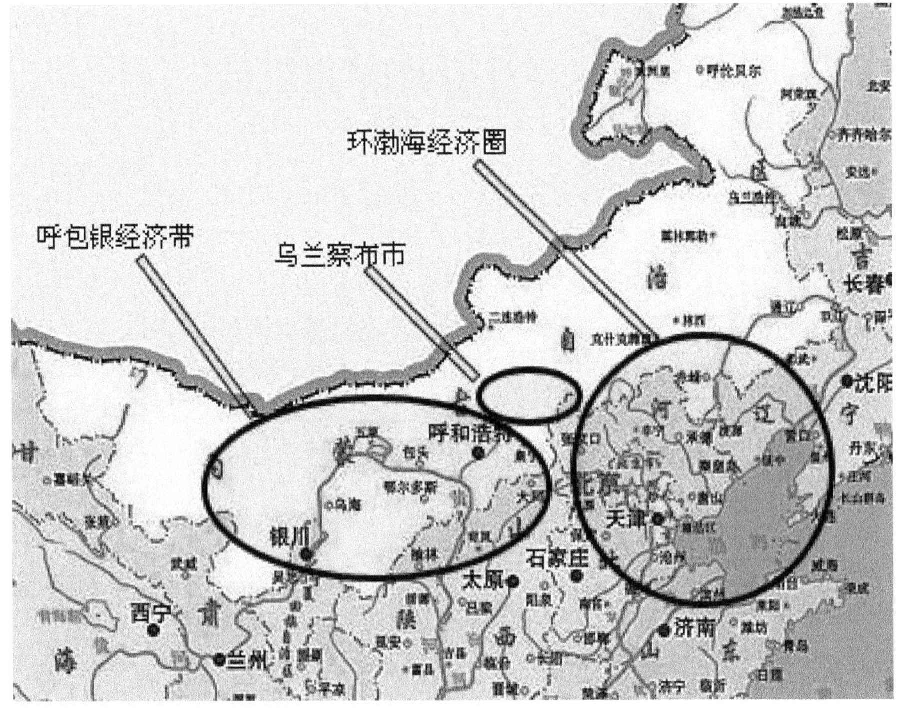


图 7－2　乌兰察布市在华北地区的区位图

等基本特征，是典型被边缘化的边缘地区，同时又是集老、少、边、贫“四位一体”的欠发达地区。“十一五”期间，乌兰察布市固定资产投资增速年均为3.3%，而内蒙古自治区平均高达27.3%。2010年，乌兰察布市人均固定资产投资为1.16万元，而内蒙古自治区平均水平达到3.7万多元，人均差距为2.5万元以上，如果按全市287万人口来计算，经济差距之大可想而知。

选取处在这样地理环境条件下的边缘地区进行研究，符合本书对研究对象的要求，对之进行深度分析与论证，将为全国其他类似边缘地区进行相关研究提供借鉴与比较意义。

### 7.1.1 乌兰察布市简介

乌兰察布市地处内蒙古自治区中部，辖11个旗（县、市、区）和1个经济技术开发区，总面积为5.45万平方千米，总人口287万，是一个以蒙古族为主体，汉族居多数的少数民族地区。2003年以来，乌兰察布市经济社会得到快速发展。2010年全市地区生产总值达到550亿元，其中3次产业结构为16.5∶52.3∶31.2，3次产业就业结构为66.52∶16.3∶33.5，城镇居民和农牧民人均纯收入分别达到14200元和4400元，但总体上属经济欠发达地区。乌兰察布市地形自北向南由内蒙古高原、乌兰察布丘陵、阴山山脉、黄土丘陵4部分组成。乌兰察布市地处中温带，属大陆性季风气候，四季特征明显。因大青山横亘中部的分隔，形成了前山地区比较温暖，雨量较多，后山地区多风的特殊气候。从乌兰察布市经济发展、地理区位与历史沿革等方面可以看到，乌兰察布市是一个典型的边缘地区。

### 7.1.2 乌兰察布市产业结构发展特点

第一产业方面，肉羊、奶牛、马铃薯、蔬菜、杂粮等产品产量大，品质高。全市种植面积稳定在1000万亩左右，其中马铃薯种植面积为400万亩，年产量为450万吨，在全国地级市中面积和产量均居首位，被中国食品工业协会授予“中国马铃薯之都”称号。被誉为“草原人参”的胡萝卜被国家农业部鉴定为无污染绿色食品，远销全国各地并长期出口韩、日等国。肉羊年出栏为1000万只，肉产量为15万吨。奶牛饲养量为40万头，年产鲜奶为90多万吨，是全国十大奶牛生产强市之一。全市拥有一批大型仓储物流企业，有4处现代化马铃薯储库，有储存能力200吨以上的储窖2700座，总储存能力已超过120万吨。拥有伊利、蒙牛、草原牛妈妈和双汇食品、金陆脱水蔬菜等一批龙头企业的生产加工基地，农畜产品流通和加工初具规模。

第二产业方面，重点发展了能源、化工、冶金、建材、农畜产品加工和机械制造等非资源型产业。目前全市已形成近1000万千瓦发电能力，其中，火电装机容量达到650万千瓦，风电总装机达270万千瓦。全市年产200万吨电石，正致力引进开发PVA、PVB、PVC等电石下游深加工产品。目前皖维集团PVA和伊东集团PVC项目已经成功落地。乌兰察布市萤石资源储量很大，品质较高，目前3F公司氟化工产业初具规模。全市探明石墨储量400万吨，是国内四大石墨基地之一，正在大力开发高纯石墨、氟化石墨、锂离子电池负极等材料。已探明铁矿石储量4000万吨，钼10万吨，铜金属35万吨，铅锌金属6.6万吨，基本方向为依托铁精粉，大力发展特种钢，冶金工业实现新发展。全市石灰石储量1亿多吨，以乌兰水泥为龙头，全市水泥生产能力已达500万吨，近期内将达到3000万吨。乌兰察布市高岭土、石英石、钾长石等资源也比较丰富，具有发展建筑陶瓷、玻璃等建材产业的巨大潜力。全市每年产生550万吨粉煤灰，发展新型环保建材和粉煤灰提取氧化铝的空间很大。以花岗岩、灰绿岩、玄武岩为主的石材资源储量为2000万立方米，质地优良、分布广泛，石板材市场开发和精深加工潜力巨大。煤炭资源累计探明储量为41亿多吨，主要分布在四子王旗、察右前旗以及集宁周边等地。其他产煤区有卓资县、察右中旗、商都县、兴和县等地。特别是四子王旗白音花煤田，是乌兰察布市目前探明储量最大的一块煤田。该煤田已全部完成煤炭资源的详查工作，并于2005年由四子王旗国有资产经营公司登记了矿权。为了进一步加大资源勘探开发力度，有关方面正着手开展1∶5万矿产资源调查和地质勘察，争取在非金属、非煤、有色金属勘探上实现新突破。

第三产业方面，乌兰察布市背靠呼包鄂经济圈，面向京津冀晋的开放前沿，借助区位交通优势，大力发展现代物流业。目前，乌兰察布市规划了110平方千米的现代国际物流港，起步区初步确定为50平方千米。近期要集中力量建设乌兰察布综合物流园区，总面积为50平方千米，核心区面积为15.33平方千米。同时，乌兰察布市拥有草原、森林、湖泊、火山等独特的旅游资源，乌兰察布是距北京最近的草原旅游度假胜地，境内有3处景区负有盛名：格根塔拉旅游中心是国家4A级草原旅游景区，具有典型的草原风貌；辉腾锡勒草原是罕见的高山草甸草原，境内天然湖泊星罗棋布，素有“九十九泉”的美称；被誉为“塞外仙湖”的岱海，是内蒙古第三大内陆湖，不仅盛产各种鱼类，而且景色怡人，岱海温泉旅游区，是理想的避暑疗养胜地。

## 7.2 边缘地区主导产业选择与培育

对于边缘地区主导产业选择与培育的实证分析难度很大，主要是如何划分选择与培育的时间节点。结合乌兰察布市经济发展实际，2008 年乌兰察布提出“今后 5 年……要着力推进产业结构优化升级、推进能源资源节约和生态环境保护、加大对中小企业的扶持力度……在政策引导、产业承接、市场准入、信贷支持和人才引进等方面加大扶持力度”（2008 年乌兰察布市政府工作报告），此时间点可以看作是实施主导产业培育措施的开始。因此，将主导产业选择与培育的时间节点确定为 2007 年年底，主导产业选择数据使用 2001 ~ 2007 年的数据，主导产业培育年限为 2008 ~ 2010 年。

根据钱纳里关于经济发展阶段的修正判断（如表 7 - 1 所示），结合乌兰察布市总需求结构、3 次产业结构现状，截至 2007 年，乌兰察布市刚刚进入工业化中期，这也意味着乌兰察布市主导产业的选择应该以完善工业发展为主要方向，因此，在接下来的选择过程中将重点考察工业的相关产业。

**表 7 - 1　钱纳里关于经济发展阶段的修正判断**

| 发展阶段 | | 人均 GDP（元/人） | | 总需求结构 | | |
|---|---|---|---|---|---|---|
| | | 2000 年（美元） | 2000 年（人民币） | 初级产品 | 制造业产品 | 服务业产品 |
| 前工业社会 | | 552 | 2208 | 38 | 15 | 47 |
| 工业化社会 | 工业化前期 | 1104 | 4416 | 21 | 24 | 55 |
| | 工业化中期 | 2208 | 8832 | 9 | 36 | 54 |
| | 工业化后期 | 4417 | 17668 | 4 | 34 | 62 |
| 后工业化社会 | | 8283 | 33132 | | | |
| 现代社会 | | 13252 | 54100 | | | |

资料来源：张平．中国区域产业结构演进与优化［M］．湖北：武汉大学出版社，2005.

### 7.2.1　主导产业选择

（1）主导产业选择评价指标体系。根据边缘地区主导产业选择基准及评价体系，本书构建了乌兰察布市主导产业的层次决策表，各指标的意义及计算方法如表 7 - 2 所示。

根据表 7 - 2，笔者走访了内蒙古自治区发改委、内蒙古经济信息中心、内蒙古社科院、内蒙古中小企业研究中心、内蒙古产业经济研究基地、内蒙古资源与经济研究所、乌兰察布市发改委、乌兰察布市商务局、乌兰察布市经信委、乌兰察布市农牧业局、乌兰察布市规划局、乌兰察布市相关企业，利用德尔菲法，请相关专家回顾 2001 ~ 2007 年内蒙古自治区、乌兰察布市、相邻地区经济发展历程，对乌兰察布市主导产业的约束因素进行排序。根据排序结果，再请相关专

表 7-2 乌兰察布市主导产业的层次决策表及指标说明

| 目标层（$A$） | 准则层（$B_i$） | 方案层（$C_{ij}$） | 指标描述 |
|---|---|---|---|
| $A$ 主导产业评价指标体系 | $B_1$ 产业增长潜力 | $C_{11}$需求收入弹性 | $E_i = \frac{dQ_i}{Q_i} \Big/ \frac{dI}{I}$，式中，$Q_i$ 代表第 $i$ 产业部门的产品需求量，$I$ 代表国民收入 |
| | | $C_{12}$产业的增长率 | $r_i = (X_i^t / X_i^0)^{t/i} - 1$，式中，$X_i^t$ 代表第 $i$ 产业在 $t$ 时的产量，$X_i^0$ 为初始状态下的产量，$r_i$ 为其平均增长率 |
| | $B_2$ 产业关联效应 | $C_{21}$影响力系数 | 指标意义及计算公式详见 5.3.3 式（5-3） |
| | | $C_{22}$感应度系数 | 指标意义及计算公式详见 5.3.3 式（5-4） |
| | $B_3$ 社会经济效益 | $C_{31}$资金利税率 | 该指标反映产业的经济效益和对地区财政的贡献。资金利税率=（利润+税收）/（固定资产投入总额+流动资产投入总额） |
| | | $C_{32}$综合经济效率 | 指标意义及计算公式详见 5.3.3 式（5-6） |
| | | $C_{33}$能源消耗产出率 | 该指标反映单位能源消耗产出水平。计算公式为：$R_i = \frac{N_i}{C_i}$，式中，$N_i$、$C_i$ 分别表示 $i$ 产业的总产值、能源消耗总量 |
| | | $C_{34}$比较劳动产出率 | 指标意义及计算公式详见 5.3.3 式（5-8） |
| | | $C_{35}$产出的就业吸纳率 | 产业的就业吸纳率=某产业平均就业人数/该产业总产值 |

家参照约束因素排序情况，使用指数标度法对评价指标体系各指标进行重要性比较，然后应用层次分析法对评价指标体系各指标进行客观赋权，得出各一级指标和二级指标的权重（如表 7-3 所示），各权重均通过了一致性检验。

（2）主导产业评价。按 OECD 及中国产业统一分类法，结合数据的可得性，为减少计算量、提升评价信度，本书在充分考察各产业部门的工业增加值状况以及在工业总产值中的比重后，初步筛选 25 个产业部门作为备选主导产业，具体如下：酒的制造、软饮料制造、棉化纤纺织及印染精加工、毛纺织和染整精加工、针织品编织品及其制品制造、纺织服装制造、皮革鞣制加工、皮革制品制造、基础化学原料制造、专用化学产品制造、铁合金冶炼、水泥石灰和石膏的制造、石墨及其他非金属矿物制品制造、有色金属压延加工、结构性金属制品制造、电机制造、汽车制造、电子元件制造、钢压延加工、砖瓦石材及其他建筑材料制造、建筑安全用金属制品制造、金属铸锻加工、电力生产、电力供应、热力

**表7－3 一级、二级指标权重**

| 目标层（$A$） | 准则层（$B_i$） | 权重 | 方案层（$C_{ij}$） | 权重 |
|---|---|---|---|---|
| $A$ 主导产业评价指标体系 | $B_1$ 产业增长潜力 | 0.4181 | $C_{11}$需求收入弹性 | 0.6379 |
| | | | $C_{12}$产业的增长率 | 0.3621 |
| | $B_2$ 产业关联效应 | 0.2146 | $C_{21}$影响力系数 | 0.5095 |
| | | | $C_{22}$感应度系数 | 0.4905 |
| | $B_3$ 社会经济效益 | 0.3673 | $C_{31}$资金利税率 | 0.1266 |
| | | | $C_{32}$综合经济效率 | 0.2413 |
| | | | $C_{33}$能源消耗产出率 | 0.1101 |
| | | | $C_{34}$比较劳动产出率 | 0.1978 |
| | | | $C_{35}$产出的就业吸纳率 | 0.3242 |

生产和供应。所用数据来源于《乌兰察布市统计年鉴》（2002～2008年）、《中国统计年鉴》（2002～2008年），为了便于结果评价，在计算处理过程中采用标准化方法对数据可比性进行修正，标准化方法处理公式为：

$$W_{ijs}=X_{ijs}\times100/X_{ijmax} \quad (7-1)$$

也即将各产业每一项指标值（$X_{ijs}$）都除以该指标的最大值 $X_{ijmax}$，为便于比较再扩大一百倍。

1）各产业部门产业增长潜力评价。运用EViews5.0、SPSS19.0对25个细分的工业产业部门的产业增长潜力（$B_1$）的两个二级指标（$C_{11}$需求收入弹性、$C_{12}$产业的增长率）分别进行测算，其中各产业的年需求量本书采用该产业产品的年均销售收入来表示，各产业的增长率，用2001～2008年的总产值（2001年不变价）的年均增长率表示，并求得标准值。

因而，各产业部门的产业增长潜力为：

$$W_{1s}=C_{1j}\times W_{ijs}=C_{1j}\times(X_{ijs}\times100/X_{ijmax})(i=1;j=1,2;s=1,2,3,\Lambda,25) \quad (7-2)$$

结果如表7－4所示。

2）各产业部门产业关联效应评价。通过对乌兰察布市2007年投入产出表中的相关数据，计算出乌兰察布市酒的制造、软饮料制造、棉化纤纺织及印染精加工、毛纺织和染整精加工、针织品编织品及其制品制造、纺织服装制造、皮革鞣制加工、皮革制品制造、基础化学原料制造、专用化学产品制造、铁合金冶炼、水泥石灰和石膏的制造、石墨及其他非金属矿物制品制造、有色金属压延加工、结构性金属制品制造、电机制造、汽车制造、电子元件制造、钢压延加工、砖瓦石材及其他建筑材料制造、建筑安全用金属制品制造、金属铸锻加工、电力生

表 7－4 各产业的需求收入弹性和产业的增长率

| | 需求收入弹性 | | 产业的增长率（%） | | $W_{1s}$ |
|---|---|---|---|---|---|
| | $X_{11s}$ | $C_{11}$ | $X_{12s}$ | $C_{12}$ | |
| 酒的制造 | 2.9623 | 0.6379 | 28.23 | 0.3621 | 65.18 |
| 软饮料制造 | 1.8456 | | 13.69 | | 36.86 |
| 棉化纤纺织及印染精加工 | 0.7896 | | 9.67 | | 19.44 |
| 毛纺织和染整精加工 | 4.0811 | | 31.96 | | 83.12 |
| 针织品编织品及其制品制造 | 2.1736 | | 17.34 | | 44.58 |
| 纺织服装制造 | 1.4985 | | 5.67 | | 24.68 |
| 皮革鞣制加工 | 2.9758 | | 19.36 | | 65.45 |
| 皮革制品制造 | 3.6563 | | 37.57 | | 61.90 |
| 基础化学原料制造 | 2.3554 | | 19.71 | | 52.45 |
| 专用化学产品制造 | 0.9687 | | -0.37 | | 12.06 |
| 铁合金冶炼 | 3.6613 | | 15.87 | | 62.23 |
| 水泥石灰和石膏的制造 | 3.4382 | | 32.64 | | 55.54 |
| 石墨及其他非金属矿物制品制造 | 3.8127 | | 22.63 | | 79.15 |
| 有色金属压延加工 | 1.6831 | | 20.37 | | 41.21 |
| 结构性金属制品制造 | 1.1697 | | 13.25 | | 27.77 |
| 电机制造 | 2.3645 | | -0.97 | | 29.38 |
| 汽车制造 | 1.6574 | | 2.35 | | 23.51 |
| 电子元件制造 | 3.6217 | | 9.81 | | 55.89 |
| 钢压延加工 | 1.2365 | | 21.33 | | 36.41 |
| 砖瓦石材及其他建筑材料制造 | 2.3374 | | 19.26 | | 48.53 |
| 建筑安全用金属制品制造 | 1.8471 | | 1.35 | | 24.98 |
| 金属铸锻加工 | 1.2685 | | 9.12 | | 25.05 |
| 电力生产 | 1.6574 | | -6.64 | | 14.85 |
| 电力供应 | 1.9654 | | 4.57 | | 29.60 |
| 热力生产和供应 | 2.0671 | | 4.13 | | 30.48 |

产、电力供应、热力生产和供应的影响力系数和感应度系数，同时运用与上述同样的计算方法得出各产业部门的关联效应系数（$W_{2s}$），如表 7－5 所示。

3）各产业部门社会经济效益评价。根据前面资金利税率、综合经济效率、能源消耗产出率、比较劳动产出率、产出的就业吸纳率的相关公式，由 2002～2007 年《乌兰察布市统计年鉴》中的数据分别算得酒的制造、软饮料制造、棉

**表 7-5　各产业部门的影响力系数和感应度系数**

| | 影响力系数 | | 感应度系数 | | $W_{2s}$ |
|---|---|---|---|---|---|
| | $X_{21s}$ | $C_{21}$ | $X_{22s}$ | $C_{22}$ | |
| 酒的制造 | 0.9635 | 0.5095 | 0.8541 | 0.4905 | 67.24 |
| 软饮料制造 | 0.9327 | | 0.8847 | | 66.64 |
| 棉化纤纺织及印染精加工 | 0.8963 | | 0.7412 | | 61.12 |
| 毛纺织和染整精加工 | 0.9578 | | 0.7892 | | 65.24 |
| 针织品编织品及其制品制造 | 0.9874 | | 0.8127 | | 67.23 |
| 纺织服装制造 | 0.9314 | | 0.9055 | | 67.13 |
| 皮革鞣制加工 | 1.2476 | | 1.1254 | | 67.58 |
| 皮革制品制造 | 1.0267 | | 0.9685 | | 50.49 |
| 基础化学原料制造 | 1.1987 | | 0.9214 | | 79.88 |
| 专用化学产品制造 | 0.8547 | | 0.7498 | | 59.44 |
| 铁合金冶炼 | 1.3842 | | 1.1613 | | 87.51 |
| 水泥石灰和石膏的制造 | 1.1235 | | 1.0325 | | 79.38 |
| 石墨及其他非金属矿物制品制造 | 1.2386 | | 1.0786 | | 81.59 |
| 有色金属压延加工 | 1.0365 | | 0.9687 | | 73.67 |
| 结构性金属制品制造 | 0.9846 | | 0.8751 | | 68.77 |
| 电机制造 | 0.8315 | | 0.7866 | | 59.35 |
| 汽车制造 | 0.9874 | | 0.8124 | | 67.22 |
| 电子元件制造 | 0.9673 | | 1.3543 | | 80.79 |
| 钢压延加工 | 0.8954 | | 0.8457 | | 63.88 |
| 砖瓦石材及其他建筑材料制造 | 0.7891 | | 0.7753 | | 57.09 |
| 建筑安全用金属制品制造 | 1.0368 | | 0.9812 | | 74.01 |
| 金属铸锻加工 | 1.1847 | | 1.0174 | | 81.80 |
| 电力生产 | 1.2369 | | 0.8547 | | 69.85 |
| 电力供应 | 1.2654 | | 1.1345 | | 70.65 |
| 热力生产和供应 | 1.0217 | | 0.9974 | | 73.75 |

化纤纺织及印染精加工、毛纺织和染整精加工、针织品编织品及其制品制造、纺织服装制造、皮革鞣制加工、皮革制品制造、基础化学原料制造、专用化学产品制造、铁合金冶炼、水泥石灰和石膏的制造、石墨及其他非金属矿物制品制造、有色金属压延加工、结构性金属制品制造、电机制造、汽车制造、电子元件制造、钢压延加工、砖瓦石材及其他建筑材料制造、建筑安全用金属制品制造、金属铸锻加工、电力生产、电力供应、热力生产和供应的社会经济效益指标值，最后求出平均值得到各产业部门的社会经济效益指标值，同理算出各产业部门的社会经济效益 $W_{3s}$，如表 7-6 所示。

表 7-6　各产业部门社会经济效益评价

| 资金利税率 | | 综合经济效率 | | 能源消耗产出率 | | 比较劳动产出率 | | 产出的就业吸纳率 | | $W_{3s}$ |
|---|---|---|---|---|---|---|---|---|---|---|
| $X_{31s}$ | $C31$ | $X_{32s}$ | $C_{32}$ | $X_{33s}$ | $C_{33}$ | $X_{34s}$ | $C_{34}$ | $X_{35s}$ | $C_{35}$ | |
| 0. 3684 | | 7. 2864 | | 0. 2289 | | 3. 6841 | | 687. 54 | | 75. 10 |
| 0. 2875 | | 5. 1989 | | 0. 1928 | | 2. 7654 | | 589. 12 | | 57. 96 |
| 0. 1025 | | 5. 1547 | | 0. 1719 | | 2. 1033 | | 561. 95 | | 47. 15 |
| 0. 1231 | | 4. 0985 | | 0. 1457 | | 1. 9357 | | 753. 94 | | 47. 66 |
| 0. 0894 | | 3. 0784 | | 0. 1875 | | 2. 039 | | 954. 38 | | 49. 15 |
| 0. 1456 | | 5. 1366 | | 0. 1681 | | 1. 7215 | | 1369. 57 | | 65. 72 |
| 0. 1139 | | 6. 1027 | | 0. 1345 | | 2. 9693 | | 1134. 79 | | 62. 86 |
| 0. 1847 | | 6. 1749 | | 0. 1872 | | 1. 8817 | | 1026. 31 | | 54. 74 |
| 0. 1526 | | 6. 1957 | | 0. 2623 | | 2. 3156 | | 768. 47 | | 64. 68 |
| 0. 2141 | | 4. 2045 | | 0. 4152 | | 1. 0247 | | 196. 53 | | 38. 06 |
| 0. 2234 | | 6. 2634 | | 0. 5037 | | 2. 2366 | | 897. 62 | | 69. 29 |
| 0. 1672 | | 5. 1663 | | 0. 5127 | | 1. 6548 | | 589. 37 | | 48. 18 |
| 0. 1594 | 0. 1266 | 7. 0628 | 0. 2413 | 0. 3926 | 0. 1101 | 2. 5673 | 0. 198 | 696. 44 | 0. 3242 | 58. 80 |
| 0. 0951 | | 3. 0874 | | 0. 2841 | | 1. 2392 | | 567. 29 | | 37. 90 |
| 0. 0471 | | 3. 0841 | | 0. 1982 | | 1. 4435 | | 344. 78 | | 30. 50 |
| 0. 0787 | | 4. 0749 | | 0. 1789 | | 1. 6271 | | 256. 61 | | 33. 32 |
| 0. 1028 | | 6. 1138 | | 0. 2584 | | 2. 8674 | | 497. 18 | | 54. 07 |
| -0. 0876 | | 5. 1027 | | 0. 1134 | | 2. 3052 | | 186. 13 | | 31. 54 |
| 0. 2411 | | 7. 3793 | | 0. 2986 | | 2. 6548 | | 132. 49 | | 53. 97 |
| 0. 1247 | | 6. 1632 | | 0. 6356 | | 3. 3542 | | 1038. 36 | | 76. 76 |
| 0. 1439 | | 4. 1775 | | 0. 1681 | | 1. 4789 | | 904. 91 | | 50. 32 |
| 0. 0947 | | 5. 1159 | | 0. 2146 | | 2. 2441 | | 268. 95 | | 41. 26 |
| -0. 0741 | | 4. 0987 | | 0. 4471 | | 1. 1873 | | 116. 36 | | 27. 28 |
| 0. 1047 | | 4. 1354 | | 0. 0917 | | 2. 0031 | | 364. 23 | | 37. 32 |
| 0. 0854 | | 5. 1257 | | 0. 5249 | | 1. 8676 | | 185. 37 | | 42. 49 |

注：限于版面设计，表中省去各产业部门名称，各行指标数据与表 7-5 中的产业部门顺序对应。

4）综合评价。由以上计算得到的各产业部门的产业增长潜力（$W_{1s}$）、产业关联效应（$W_{2s}$）、社会经济效益（$W_{3s}$），根据表 7-3 确定的一级指标权重（$B_i$），便可以得出各产业部门的综合评价值 $Z_s$，即：

$$Z_s = B_i \cdot W_{is}(i=1,\ 2,\ 3) \tag{7-3}$$

经计算得出各产业部门的综合评价值，如表 7-7 所示。

**表 7－7　乌兰察布市工业各产业部门的综合指标评价值**

| | 产业增长潜力 | | 产业关联效应 | | 社会经济效益 | | $Z_s$ | 排名 |
|---|---|---|---|---|---|---|---|---|
| | $W_{1s}$ | $B_1$ | $W_{2s}$ | $B_2$ | $W_{3s}$ | $B_3$ | | |
| 酒的制造 | 65.18 | | 67.24 | | 75.10 | | 69.27 | 3 |
| 软饮料制造 | 36.86 | | 66.64 | | 57.96 | | 51.00 | 11 |
| 棉化纤纺织及印染精加工 | 19.44 | | 61.12 | | 47.15 | | 38.56 | 21 |
| 毛纺织和染整精加工 | 83.12 | | 65.24 | | 47.66 | | 66.26 | 4 |
| 针织品编织品及其制品制造 | 44.58 | | 67.23 | | 49.15 | | 51.12 | 10 |
| 纺织服装制造 | 24.68 | | 67.13 | | 65.72 | | 48.86 | 13 |
| 皮革鞣制加工 | 65.45 | | 67.58 | | 62.86 | | 61.03 | 6 |
| 皮革制品制造 | 61.90 | | 50.49 | | 54.74 | | 50.17 | 12 |
| 基础化学原料制造 | 52.45 | | 79.88 | | 64.68 | | 61.30 | 5 |
| 专用化学产品制造 | 12.06 | | 59.44 | | 38.06 | | 31.78 | 25 |
| 铁合金冶炼 | 62.23 | | 87.51 | | 69.29 | | 72.39 | 2 |
| 水泥石灰和石膏的制造 | 55.54 | | 79.38 | | 48.18 | | 58.66 | 8 |
| 石墨及其他非金属矿物制品制造 | 79.15 | 0.4181 | 81.59 | 0.2146 | 58.80 | 0.3673 | 78.67 | 1 |
| 有色金属压延加工 | 41.21 | | 73.67 | | 37.90 | | 46.96 | 15 |
| 结构性金属制品制造 | 27.77 | | 68.77 | | 30.50 | | 37.57 | 22 |
| 电机制造 | 29.38 | | 59.35 | | 33.32 | | 37.26 | 23 |
| 汽车制造 | 23.51 | | 67.22 | | 54.07 | | 44.11 | 19 |
| 电子元件制造 | 55.89 | | 80.79 | | 31.54 | | 52.29 | 9 |
| 钢压延加工 | 36.41 | | 63.88 | | 53.97 | | 48.75 | 14 |
| 砖瓦石材及其他建筑材料制造 | 48.53 | | 57.09 | | 76.76 | | 60.74 | 7 |
| 建筑安全用金属制品制造 | 24.98 | | 74.01 | | 50.32 | | 44.81 | 17 |
| 金属铸锻加工 | 25.05 | | 81.80 | | 41.26 | | 43.18 | 20 |
| 电力生产 | 14.05 | | 60.85 | | 27.28 | | 33.36 | 24 |
| 电力供应 | 29.60 | | 70.65 | | 37.32 | | 45.11 | 16 |
| 热力生产和供应 | 30.48 | | 73.75 | | 42.49 | | 44.18 | 18 |

由表7－7可知，对乌兰察布市经济增长有突破带动作用的工业产业部门主要是：石墨及其他非金属矿物制品制造、铁合金冶炼、酒的制造、毛纺织和染整精加工、基础化学原料制造、皮革鞣制加工、砖瓦石材及其他建筑材料制造、水泥石灰和石膏的制造、电子元件制造、针织品编织品及其制品制造。这些产业部门已经具备主导产业的基本性质，可以作为乌兰察布市主导产业部门。从综合评价值以及排名结果看，综合评分在70分以上的有2个产业部门：石墨及其他非金属矿物制品制造（78.67）、铁合金冶炼（72.39），60分以上共有7个产业部门，除70分以上的外，另5个是：酒的制造（69.27）、毛纺织和染整精加工（66.26）、基础化学原料制造（61.30）、皮革鞣制加工（61.03）、砖瓦石材及其他建筑材料制造（60.74），综合评分在50分以上的共有12个产业部门。2007年排名第1位的石墨及其他非金属矿物制品制造部门的工业增加值占制造业增加值的6.92%，排名前6名产业部门的工业增加值占制造业增加值的52.61%，排名前10名产业部门的工业增加值之和占制造业增加值的69.68%。

从乌兰察布市制造业主要产业部门的综合评价结果看，基本与乌兰察布市资源禀赋、产业结构发展特点相吻合，结果信度较高、实操性较强，主导产业部门的选取可以在排名15位内进行筛选确定。在计算过程中，发现软饮料制造、皮革制品制造、纺织服装制造、钢压延加工、有色金属压延加工产业较具发展潜力、关联效应比较明显，可以作为备选的第二批主导产业进行培育。

从评价结果可以看到，皮革鞣制加工（排名6）已经具备主导产业性质，而皮革制品制造（排名12）却在备选方案中；毛纺织和染整精加工（排名4），针织品编织品及其制品制造（排名10），而纺织服装制造（排名13）却在备选方案中。这也说明乌兰察布市培育主导产业、提升产业技术能力、产业优化升级的紧迫性。

### 7.2.2 主导产业培育

（1）“十五”期间的经济运行与政策。截至2005年年底，乌兰察布市3次产业的比重由2000年的39.1∶30.7∶30.2调整为22.8∶52.8∶24.4，一产下降16.3%，二产上升了22.1%，初步实现了国民经济由农牧业主导型向工业主导型转变，产业结构得到优化，优势特色产业初步形成。第一产业初步形成了乳业、肉羊、马铃薯（蔬菜）、饲草饲料四大特色产业；第二产业形成了电力、建材、化工和农畜产品加工四大支柱产业；第三产业形成了交通运输、商贸餐饮、旅游服务和信息通信四大优势产业。但是，此时乌兰察布市的经济总量小，人均水平低；工业基础薄弱，产业层次不高；经济增长方式比较粗放，自主发展能力不强的弱点仍然十分突出。

此间的政策措施主要是围绕国民经济由农牧业主导型向工业主导型转变，对如何立足地区优势培育壮大主导产业方面积极进行探索。

（2）“十一五”期间的经济运行与政策。截至2010年年底，乌兰察布市3次产业的比重由2005年的21.8∶41.7∶36.5调整为2010年的15.4∶51.8∶32.8，工业主导型经济特色明显。“十一五”期间经济结构逐步优化，设施农业和现代畜牧业的比重不断提高，农业现代化取得历史性突破，2009年获得“中国马铃薯之都”称号。此间规划和构筑了以察哈尔经济技术开发区为主的工业园区体系，搭建起乌兰察布市工业经济发展的重要平台。产业延伸、产业升级和产业多元方面也取得进展，电力、建材、重化工和农畜产品加工等资源型产业持续发展，装备制造、电子电器、轻纺服装等非资源型产业和新兴产业日益壮大。

此间的政策措施（各年乌兰察布市政府工作报告）：首先是壮大优势产业集群，促进国家制造业基地的形成。乌兰察布市大力发展能源、建材、化工和农畜产品加工业，培育了一批实力雄厚的大企业集团，形成大产业集群，做大总量，提升水平。其次是积极培育发展新型产业，逐步形成新的产业集群。如以特种合金冶炼、有色金属冶炼为主的冶金工业，以氟化工、煤化工、天然气化工为主的化学工业，以风力发电机和汽车配件为主的机械制造业，以电子信息产品、生物制药为主的高新技术产业，逐步形成新的产业集群。最后是以工业园区为载体，以重点项目为支撑，积极培育中小企业，壮大龙头企业，促进产业集群的形成与发展，在电力、冶金、化工、建材和农畜产品加工等产业形成了重点产业集群，同时还积极培育煤炭矿产采掘、机械制造、高新技术等产业。

（3）“十二五”以来的经济运行与政策。2010年以来，乌兰察布市主要在以下几个方面进行主导产业培育方面的实践：

1）加大产业基地建设。一是构筑绿色农畜产品生产加工基地，继续打造“马铃薯之都”；二是构筑化工原材料工业基地，打造化工原材料基地，重点发展煤化工、氟化工、硅化工、电石化工的精深加工，构筑电力—化工—下游及终端产品一体化发展的产业格局，打造全区重要的化工产业集群；三是构筑自治区重要的碳汇基地，打造“风电之都”。

2）构建承接产业转移的重要平台。以搭建合作平台、构筑信息互通机制为基础，积极构建国家级承接产业转移的重要基地。以开发区和园区建设为重点，加大基础设施建设力度。加强驻外商会建设，使其成为承接产业转移的重要桥梁。加强与珠三角、长三角等沿海发达地区的对接，强化投资软硬环境建设，增强投资吸引力。充分发挥区位优势，积极主动承接京津冀晋产业转移。紧紧抓住京蒙对口帮扶的有利时机，深入研究与北京协作互通机制，建成首都经济圈的重要辐射地。与呼包鄂实行无缝对接、错位发展，促进资源共享、优势互补和合作共赢，努力实现与呼包鄂一体化发展，使乌兰察布成为服务首都和参与首府产业分工的重要基地。

3）加快工业园区建设。重点进行内蒙古察哈尔经济技术开发区、丰镇工业园区、兴和工业园区 3 个自治区级园区和市内 10 个重点园区建设，增强园区的承载能力和集聚功能，实现错位发展，形成承接环渤海及京津冀晋、呼包鄂经济辐射和产业转移的重要平台，使工业园区成为工业经济发展的重要增长极。

4）积极培育壮大装备制造、电子信息等战略性新兴产业，使非资源型产业成为经济社会发展的新增长点。积极推动东方电气、金风、歌美飒、明阳等一批风机制造、组装及零部件配套项目的实施，加快发展 2 兆瓦以上大功率风机，进一步壮大以风机制造为主的机械装备制造产业，形成主机和零配件产业链；利用乌兰察布靠近西北、俄蒙、中亚等大油田的有利条件，积极发展油田采油设备制造及零部件生产；积极扶持电子元器件和整机产品以及 LED 产品的开发。

（4）主导产业培育评价。从 2008 ~ 2010 年乌兰察布市主导产业培育实践过程看，乌兰察布市的经济社会发展取得了非常大的成绩，这与其注重主导产业的培育密不可分。此间，乌兰察布市加大对农畜产品加工业、建材、重化工、冶金工业、电子信息业的扶持力度；以工业园区为载体，以重点项目为支撑，积极培育中小企业，壮大龙头企业，促进产业集群的形成与发展，在电力、冶金、化工、建材和农畜产品加工等产业形成了重点产业集群，同时还积极培育煤炭矿产采掘、机械制造、高新技术等产业。而 2010 年以来乌兰察布市继续加大产业基地建设，构建承接产业转移的重要平台，加快工业园区建设，积极培育壮大装备制造、电子信息等战略性新兴产业，无疑将更有力地促进主导产业的进一步发展。

具体分析其主导产业培育过程，可以看出乌兰察布市主要是契合了主导产业培育的内在要求。一是注重相关产业的协调发展，特别是重视基础产业发展，强化基础设施建设和公共服务产品供给；二是重视对中小企业的发展支持，整个培育过程中突出重点、突出批次、突出时限；三是培育专业化市场，形成一定规模和影响力的专业化市场，促进产业的稳定发展；四是强化龙头企业在产业中的带动作用；五是构建良好的产业发展环境，营造了可持续发展的生态环境、宽松的制度环境、健全的市场环境、和谐的人文环境；六是积极鼓励企业参与产业竞争与融合，强化区域间产业的交流合作，并制定缜密的产业发展战略和相应的应急扶持政策；七是在促进产业融合方面，加快产业市场服务平台建设、产业创新平台建设、生产要素资源平台建设，为产业内企业生产经营、技术创新、企业间合作与交流提供机会，同时积极加强与中心地区、经济地带、城市圈、生态功能区平台对接，实现区域间产业互动、经济互动，为各类优质资源的跨地区流动提供平台，促进地区间的产业融合。

# 7.3 结果分析

根据主导产业选择的实证分析结果，认定截至2007年，乌兰察布市的主导产业为石墨及其他非金属矿物制品制造、铁合金冶炼、酒的制造、毛纺织和染整精加工、基础化学原料制造、皮革鞣制加工、砖瓦石材及其他建筑材料制造、水泥石灰和石膏的制造、电子元件制造、针织品编织品及其制品制造。下面通过对所选主导产业对经济增长、经济社会发展、产业结构优化升级的作用进行实证分析，来验证所提出的边缘地区主导产业选择评价指标体系和培育模式的准确性与合理性。

## 7.3.1 主导产业发展与经济增长的灰色关联分析

（1）研究方法和数据来源。乌兰察布市的产业统计数据至今不足15年，并且在统计数据建立初期，产业统计口径不一且数据残缺性严重，实际有效统计数据不足11年，这使得常用的多元回归计量经济模型在此应用难以通过基本的计量检验。根据本书在第6章提出的测度方法，使用灰色关联度分析来确定乌兰察布市主导产业发展对经济增长的影响程度。

根据主导产业选择的实证分析结果，将乌兰察布市主导产业部门暂定为：皮革鞣制加工、水泥石灰和石膏的制造、铁合金冶炼、酒的制造、毛纺织和染整精加工、针织品编织品及其制品制造、石墨及其他非金属矿物制品制造、砖瓦石材及其他建筑材料制造、电子元件制造、基础化学原料制造共10个产业部门。其原始数据来源于2002～2011年《乌兰察布市统计年鉴》，并且在平滑数据过程中，全部按照当年当地的CPI折算成2001年的不变价。

（2）数据处理。需要指出的是，对乌兰察布市主导产业的筛选主要目的之一是为了地区经济获得快速稳健发展，因而，在求证所选的主导产业发展对经济增长带动作用时，有必要将其他产业的发展作为参照系。由于乌兰察布市刚刚进入工业化中期，其主导产业的选择是以完善工业发展为主要方向。在此，将第二产业划分为主导产业（$X_1$）、非主导第二产业（$X_2$）连同第一产业（$X_3$）、第三产业（$X_4$）一起作比较数列，采用2002～2011年GDP和各产业的增加值的时间序列作为基础资料，建立灰色系统关联模型，以此作为分析乌兰察布市主导产业发展与经济增长的相关关系，意在验证主导产业发展对乌兰察布市经济增长的突出性带动作用，同时将所选主导产业各部门对经济增长的带动作用进行排序，找出主导产业培育发展的优先序。

参照本书提出的主导产业发展与经济增长的灰色关联分析方法，根据2002～2011年《乌兰察布市统计年鉴》数据折算为2001年不变价，首先计算出2001～2010年乌兰察布市主导产业（$X_1$）、非主导第二产业（$X_2$）、第一产业（$X_3$）、第三产业（$X_4$）增加值及其占当年GDP的比重（如表7-8所示）。

**表7-8　2001～2010年主导产业及其他产业增加值及其占GDP的比重**

单位：亿元、%

| 年份＼产业 | 主导产业 | | 非主导第二产业 | | 第一产业 | | 第三产业 | |
|---|---|---|---|---|---|---|---|---|
| | 增加值 | 占GDP比重 | 增加值 | 占GDP比重 | 增加值 | 占GDP比重 | 增加值 | 占GDP比重 |
| 2001 | 3.0142 | 2.9 | 1.8965 | 1.8 | 0.97 | 0.9 | 7.33 | 7.1 |
| 2002 | 3.5296 | 3.0 | 2.0234 | 1.7 | 4.75 | 4.0 | 6.08 | 5.1 |
| 2003 | 6.6428 | 3.8 | 2.3628 | 1.6 | 7.18 | 4.8 | 9.95 | 6.6 |
| 2004 | 11.0954 | 5.9 | 8.4654 | 4.5 | 7.69 | 4.1 | 10.04 | 5.4 |
| 2005 | 16.9657 | 7.4 | 9.2547 | 4.0 | 0.56 | 0.2 | 17.6 | 7.7 |
| 2006 | 19.9913 | 7.0 | 13.1107 | 4.6 | 14.9 | 5.2 | 14.9 | 5.2 |
| 2007 | 25.1289 | 7.3 | 15.8472 | 4.6 | -1.63 | -0.5 | 21.34 | 6.2 |
| 2008 | 31.6457 | 7.3 | 17.9331 | 4.1 | 20.27 | 4.7 | 20.27 | 4.7 |
| 2009 | 33.2453 | 6.6 | 12.4096 | 2.5 | -5.92 | -1.2 | 23.23 | 4.6 |
| 2010 | 19.6845 | 3.6 | 10.9874 | 2.0 | 21.77 | 4.0 | 16.78 | 3.1 |

资料来源：根据2002～2011年《乌兰察布市统计年鉴》计算整理所得。

由表7-8的相关数据，结合第6章给出的灰色关联模型中式（6-3）、式（6-4）、式（6-5），经过计算得出乌兰察布市主导产业（$X_1$）、非主导第二产业（$X_2$）、第一产业（$X_3$）、第三产业（$X_4$）的关联系数（如表7-9所示）。

**表7-9　主导产业及其他产业与经济增长的灰色关联系数**

| 年份＼指标 | $\varepsilon_1$ | $\varepsilon_2$ | $\varepsilon_3$ | $\varepsilon_4$ |
|---|---|---|---|---|
| 2001 | 1 | 1 | 1 | 1 |
| 2002 | 1 | 0.985404 | 0.945126 | 0.998461 |
| 2003 | 1 | 0.812586 | 0.860801 | 0.882057 |
| 2004 | 1 | 0.795780 | 0.792646 | 0.854912 |

续表

| 指标<br>年份 | $\varepsilon_1$ | $\varepsilon_2$ | $\varepsilon_3$ | $\varepsilon_4$ |
|---|---|---|---|---|
| 2005 | 1 | 0.783621 | 0.701484 | 0.794713 |
| 2006 | 1 | 0.712457 | 0.621743 | 0.778469 |
| 2007 | 1 | 0.692143 | 0.694125 | 0.712454 |
| 2008 | 1 | 0.601498 | 0.456988 | 0.694784 |
| 2009 | 1 | 0.595715 | 0.562419 | 0.657165 |
| 2010 | 1 | 0.565473 | 0.307435 | 0.525741 |
| 关联系数和 $\sum_1^n \varepsilon_i\ (t)$ | 10 | 6.544677 | 5.942967 | 6.898756 |
| 关联度 $\gamma_i = \frac{1}{n}\sum_1^n \varepsilon_i\ (t)$ | 1 | 0.727186 | 0.660307 | 0.766528 |

由表 7-9 可知，各产业与经济增长的关联度从大到小依次为：主导产业（$X_1$）、第三产业（$X_4$）、非主导第二产业（$X_2$）、第一产业（$X_3$），即 $\gamma_1 > \gamma_4 > \gamma_2 > \gamma_3$，这表明主导产业与经济增长的关联度相比其他产业与经济增长的关联度高，主导产业对经济增长的突出带动作用由此可见一斑。第三产业与经济增长的关联度为 0.766528，仅次于主导产业，表明第三产业在促进乌兰察布市经济增长方面具有重要作用，即便如此，第三产业也不应作为乌兰察布市主导产业筛选的范围，这是因为本书在调研取证过程中发现，第三产业中重要产业部门为旅游产业，该产业容易受自然气候影响，产业增加值波动较大，不利于经济平稳增长，并且旅游产业有自身的发展瓶颈，如客容量的上限，只有当第二产业发展至较为完备，第三产业中的金融、保险等产业发展到一定程度时，方可考虑第三产业中部分产业作为主导产业。第一产业与经济增长的关联度仅为 0.660307，表明 3 次产业中第一产业对经济增长的带动作用最小，从表 7-8 中可知，第一产业增加值在 2007 年和 2009 年均为负值，而这两年乌兰察布市 GDP 均保持较快增长，这也表明第一产业对经济增长的影响较小，第一产业在 3 次产业中的基础地位还未从根本上得到确立，这与乌兰察布市这一特殊地域有很大关系。

### 7.3.2　主导产业对经济发展的贡献率测度

2003 年以来，乌兰察布市 GDP 保持年均 14.8% 的增速快速发展，这一时期主导产业以迅猛的速度发展壮大，主导产业及第二产业增加值增长率都超过当年的 GDP 增长率，如表 7-10 所示。为考察主导产业对经济增长的贡献率，首先考察所筛选的 10 个主导产业增加值的增长速度对 GDP 增长的贡献率，并对各主导产业增加值的增长对乌兰察布市 GDP 增长率贡献进行横向比较。

表 7－10　2003～2010 年主导产业增加值增长率及 GDP、第二产业增加值增长率

| 指标＼年份 | 2003 | 2004 | 2005 | 2006 | 2007 | 2008 | 2009 | 2010 |
|---|---|---|---|---|---|---|---|---|
| GDP 的年增长量（亿元） | 31 | 37.66 | 42.7 | 61 | 59.7 | 92.1 | 60.7 | 67.6 |
| GDP 增长率（%） | 25 | 32 | 20 | 16.7 | 13.7 | 13.6 | 13.5 | 11 |
| 主导产业增加值增长率（%） | 43.7 | 46.80 | 45.2 | 34.5 | 24.1 | 21.6 | 22.9 | 19.3 |
| 第二产业增加值增长率（%） | 32.2 | 35 | 34.1 | 23.9 | 16.2 | 14.3 | 17.9 | 12.6 |

（1）主导产业增加值增长速度对经济增长的贡献率。根据式（6－6）、式（6－7）、式（6－8）和表 7－10 的数据，测算出乌兰察布市主导产业总体发展速度对经济增长的贡献率，同时还测算出主导产业对第二产业增长的贡献率，包括主导产业增加值的增长对经济增长的拉动和贡献率、主导产业增加值的增长对第二产业增长拉动和贡献率，如表 7－11 所示。

表 7－11　主导产业增加值的增长对经济增长、第二产业增长的拉动与贡献率

单位：%

| 指标＼年份 | 2003 | 2004 | 2005 | 2006 | 2007 | 2008 | 2009 | 2010 |
|---|---|---|---|---|---|---|---|---|
| 对经济增长的拉动 | 5.36 | 9.43 | 7.95 | 5.47 | 5.77 | 4.67 | 7.39 | 3.2 |
| 对第二产业增长的拉动 | 27.30 | 19.30 | 23.80 | 14.80 | 9.98 | 7.72 | 13 | 7.08 |
| 对经济增长的贡献率 | 21.40 | 29.50 | 39.70 | 32.80 | 42.10 | 34.40 | 54.80 | 29.10 |
| 对第二产业增长的贡献率 | 84.80 | 55.10 | 69.70 | 62 | 61.60 | 54 | 72.90 | 56.20 |

从表 7－11 的计算结果看，8 年中，乌兰察布市主导产业的发展对经济增长、第二产业增长有重要的促进和带动作用，并且其对经济增长和第二产业增长的贡献率显著。就主导产业增加值的增长对经济增长的拉动作用而言，主导产业的发展对经济增长的拉动效果较为明显，但是并未表现出一定的趋势，而是呈现一定的波动，相对于第二产业增长的拉动而言，主导产业的这种拉动作用更为显著，2005 年，主导产业增加值的增长对第二产业增长的拉动高达 23.8%，这表明乌兰察布市主导产业对经济运行和产业结构调整均产生了前所未有的影响，已然成为经济增长和产业结构调整的“发动机”。国际金融危机影响下，乌兰察布市经济在 2008～2009 年面对金融危机的冲击并未出现严重的经济衰退，相反经济仍

以13.6%、13.5%高于全国平均增速的水平快速增长，这与主导产业的快速成长有紧密关联。事实上，主导产业增加值的增长对经济增长贡献率在2008年、2009年分别高达34.4%、54.8%，对第二产业增长的贡献率也高达54%、72.9%，再次表明主导产业在经济增长和产业结构调整优化中的决定性作用。以石墨及其他非金属矿物制品制造、铁合金冶炼、酒的制造、毛纺织和染整精加工、基础化学原料制造、皮革鞣制加工、砖瓦石材及其他建筑材料制造、水泥石灰和石膏的制造、电子元件制造、针织品编织品及其制品制造为代表的主导产业快速发展，不仅巩固了乌兰察布市的工业基础，也为乌兰察布市经济的稳定快速增长做出了突出贡献。也可以看出，主导产业对经济增长和产业结构调整优化的贡献作用具有一定的不稳定性，但从整体看，主导产业的发展对整个乌兰察布市经济和产业发展有积极的促进意义。

（2）主导产业各部门增加值增长对GDP增长贡献率的比较。同理，根据式（6-6）、式（6-7）、式（6-8）、表7-10的部分数据和《乌兰察布市统计年鉴》（2004~2011年），测算了主导产业各部门增加值的增长对经济增长的贡献率（如表7-12所示）。

**表7-12 2003~2010年主导产业各部门增加值的增长对经济增长的贡献率**

单位：%

| 产业 \ 年份 | 2003 | 2004 | 2005 | 2006 | 2007 | 2008 | 2009 | 2010 |
|---|---|---|---|---|---|---|---|---|
| 酒的制造 | 3.68 | 4.31 | -2.94 | -1.65 | 4.32 | 7.23 | 10.68 | -5.44 |
| 针织品编织品及其制品制造 | -0.77 | 3.50 | 5.84 | 7.71 | -0.64 | -1.09 | -2.67 | 1.97 |
| 皮革鞣制加工 | 0.17 | 0.21 | 0.26 | 0.37 | 0.44 | 0.16 | 0.98 | 0.24 |
| 基础化学原料制造 | 3.87 | 6.42 | 7.68 | 9.74 | 11.35 | 10.42 | 11.23 | 7.69 |
| 铁合金冶炼 | 7.68 | -1.34 | 9.69 | 5.67 | 8.31 | 6.89 | 7.52 | 2.67 |
| 水泥石灰和石膏的制造 | 8.26 | 8.15 | 3.87 | 5.68 | 11.63 | 9.57 | 8.91 | 6.25 |
| 石墨及其他非金属矿物制品制造 | -4.36 | -2.08 | 6.52 | 5.97 | 0.38 | 0.91 | 2.16 | 5.68 |
| 电子元件制造 | 0.32 | 2.27 | -3.21 | 3.34 | 0.68 | -2.57 | 1.06 | 1.57 |
| 砖瓦石材及其他建筑材料制造 | -2.64 | 3.39 | 2.68 | -1.35 | -0.29 | -2.52 | 6.54 | 5.33 |
| 毛纺织和染整精加工 | 5.19 | 4.67 | 8.31 | -1.66 | 5.98 | 5.46 | 8.39 | 3.14 |

从表7-12可以看出，主导产业各部门对经济增长的贡献率在一定时间范围内并不表现出一定的趋势性，大部分产业对经济增长的贡献率存在正负交替出现的现象，只有基础化学原料制造和水泥石灰和石膏的制造一直保持正的相对较高

且稳定的贡献率，这也表明，基础化学原料制造和水泥石灰和石膏的制造两个产业部门在经济增长中的中坚作用。从某种意义上讲，基础化学原料制造属于基础产业，是为其他高级产业部门提供基础的工业产品，其对经济增长的贡献率一直维持在较高的正值，一方面说明基础化学原料制造部门作为基础产业在快速成长发展，另一方面也说明该产业对其他工业部门成长发展有较强的促进推动作用。水泥石灰和石膏的制造的快速成长发展不仅与这一时期乌兰察布市基础设施建设、房地产行业等产业部门的快速成长引致的对该产业的促进作用有关，还与这一时期其他产业部门的扩张有关联。

为便于比较主导产业各部门对经济增长的贡献率，将表 5 - 5 中各部门增加值的增长对经济增长的贡献率（2003 ~ 2010 年）进行平均化处理，得出各产业部门对经济增长的贡献率（如图 7 - 3 所示）。

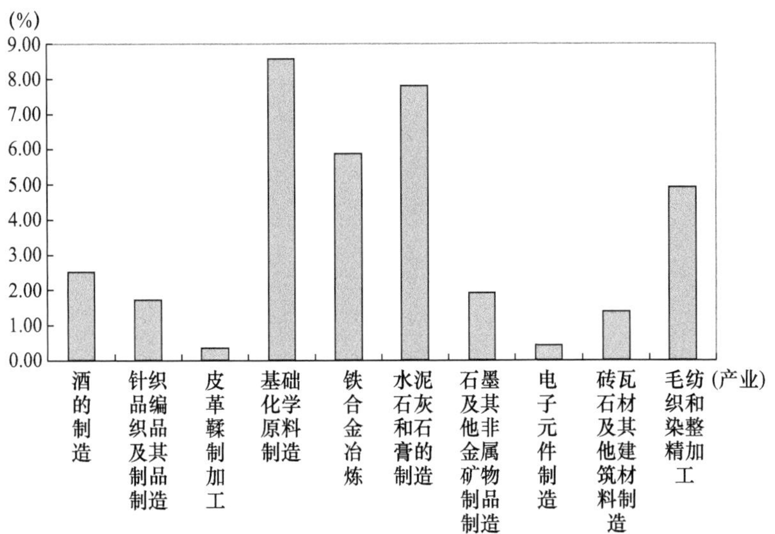


**图 7 - 3　2004 ~ 2010 年主导产业各部门对经济增长的贡献率平均值**

从图 7 - 3 可以看出，第一批次基础化学原料制造和水泥石灰和石膏的制造两个产业部门对经济增长的贡献率最高，其对经济增长的贡献率平均值分别高达 8. 55%、7. 79%；处于第二批次的铁合金冶炼、毛纺织和染整精加工两个产业部门对经济增长的贡献率也较高，其对经济增长的贡献率平均值分别达到 5. 89%、4. 94%；处于第三批次的酒的制造、针织品编织品及其制品制造、石墨及其他非金属矿物制品制造、砖瓦石材及其他建筑材料制造对经济增长的贡献率平均值为 1. 3% ~2. 5%；第四批次的皮革鞣制加工和电子元件制造对经济增长的贡献率相对较低，其对经济增长的贡献率平均值不到 0. 5%，分别只有 0. 35%、0. 43%，这主要与二者的产业规模有关。

（3）各主导产业部门的增加值率。产业的增加值率是指一定时期内该产业的增加值占总产值的比率。产业的增加值率指标反映出产业创造新价值的能力，可以用来对比处于同一时期产业部门的投入和产出的关系，在某种程度上还反映中间消耗的经济效益。一般而言，产业的增加值率越高，对经济增长的拉动效应越强。用主导产业各部门增加值分别与对应产业部门的工业总产值相比，得出的比值称为主导产业各部门的工业增加值率，即主导产业各部门的增加值率＝主导产业各部门的增加值/主导产业各部门的工业总产值。

根据《乌兰察布市统计年鉴》（2002～2011年）的数据和上面的计算处理方法，经过测算得到主导产业各部门每年的增加值率，如表7－13所示。

**表7－13 2001～2010年主导产业各部门的增加值率** 单位：%

| 产业<br>年份 | 酒的制造 | 针织品编织品及其制品制造 | 皮革鞣制加工 | 基础化学原料制造 | 铁合金冶炼 | 水泥石灰和石膏的制造 | 石墨及其他非金属矿物制品制造 | 电子元件制造 | 砖瓦石材及其他建筑材料制造 | 毛纺织和染整精加工 |
|---|---|---|---|---|---|---|---|---|---|---|
| 2001 | 21.6 | 18.6 | 23.7 | 22.6 | 19.5 | 25.7 | 19.3 | 19.8 | 23.9 | 16.9 |
| 2002 | 23.4 | 23.1 | 29.6 | 17.3 | 22.4 | 36.1 | 13.5 | 15.7 | 25.7 | 20.3 |
| 2003 | 27.8 | 14.9 | 31.4 | 19.6 | 26.7 | 26.8 | 2.6 | 21.6 | 20.4 | 22.8 |
| 2004 | 22.6 | 19.5 | 20.2 | 21.6 | 6.6 | 10.1 | －6.8 | 16.7 | －5.7 | 13.7 |
| 2005 | －6.8 | 26.3 | 27.1 | 23.5 | 29.6 | 21.6 | 8.3 | －9.3 | 23.1 | 16.4 |
| 2006 | 23.5 | 23.2 | 26.9 | 18.4 | 30.4 | 13.5 | 16.7 | 22.1 | 1.6 | －9.5 |
| 2007 | 20.6 | 18.6 | 22.4 | 16.8 | 22.8 | 17.4 | 19.8 | 19.4 | 13.3 | 23.1 |
| 2008 | 28.1 | －1.6 | 19.7 | 17.5 | 24.1 | 22.3 | 22.4 | 22.7 | 28.4 | 21.7 |
| 2009 | 25.4 | 12.8 | 22.8 | 18.2 | 31.9 | 21.5 | 26.3 | 26.9 | 32.5 | 14.2 |
| 2010 | －10.3 | 29.9 | 24.6 | 21.7 | 22.6 | 24.9 | 20.2 | 18.1 | 24.6 | 16.6 |

从表7－13可以看出，主导产业各部门的增加值率普遍偏低，不仅低于其他中心地区，还低于周边区域的产业部门。2001～2010年，皮革鞣制加工除2008年外其他各年的增加值率均保持在20%以上，其中2003年高达31.4%；水泥石灰和石膏的制造、铁合金冶炼、砖瓦石材及其他建筑材料制造3个产业部门的增加值率也比较高，均有超过30%的年份，但是其增加值率的波动较大，最低的时候不到10%，甚至是负增长，如2004年砖瓦石材及其他建筑材料制造的增加值率为－5.7%，与之相似的酒的制造、电子元件制造、针织品编织品及其制品制造、毛纺织和染整精加工均有年份出现负增加值率的情形；基础化学原料制造

的增加值率基本保持在20%上下小幅波动，发展相对比较平稳。

事实上，并不能笼统通过比较主导产业各部门的增加值率来判断其经济效益，产业的产出经济效益是一个更为广泛的概念。一般而言，产业的经济效益与产业的投入产出密切相关，对于产业投入与产出的衡量而言，不仅涉及显性的成本收益，也表现为难以计量的社会、个人成本收益等，并且产业的性质、产业的发展阶段等也都将影响产业的投入产出，也即产业的增加值率大小并不能完全反映产业的经济效益。

（4）各主导产业部门的销售利税率。产业的销售利税率是衡量产业对该地区国民经济贡献的重要指标，从总体上反映产业销售收入的收益水平和贡献程度，其计算方法为报告期内产业实现的利税比上销售收入，用公式表示为：

$$\text{主导产业各部门销售利税率} = \frac{\text{主导产业各部门的利税总额}}{\text{主导产业各部门的销售收入}} \times 100\% \qquad (7-4)$$

根据《乌兰察布市统计年鉴》（2002～2011年）的相关数据，采用上述公式，算出主导产业各部门的销售利税率，如表7－14所示。

**表7－14　2001～2010年乌兰察布市主导产业各部门的销售利税率**　　单位：%

| 产业<br>年份 | 酒的制造 | 针织品编织品及其制品制造 | 皮革鞣制加工 | 基础化学原料制造 | 铁合金冶炼 | 水泥石灰和石膏的制造 | 石墨及其他非金属矿物制品制造 | 电子元件制造 | 砖瓦石材及其他建筑材料制造 | 毛纺织和染整精加工 |
|---|---|---|---|---|---|---|---|---|---|---|
| 2001 | 26.6 | 2.6 | 7.7 | 6.6 | 9.5 | 8.7 | 5.3 | 7.8 | 13.9 | 3.9 |
| 2002 | 33.4 | 2.1 | 7.6 | 7.3 | 8.4 | 9.1 | 5.5 | 10.7 | 10.7 | 3.3 |
| 2003 | 27.8 | 2.9 | 6.4 | 7.6 | 8.7 | 9.8 | 6.6 | 11.6 | 10.4 | 4.8 |
| 2004 | 28.6 | 2.5 | 7.2 | 8.1 | 9.6 | 10.1 | 6.8 | 10.7 | 11.7 | 3.7 |
| 2005 | 26.8 | 3.3 | 7.1 | 8.5 | 9.6 | 11.6 | 6.3 | 6.3 | 11.1 | 4.4 |
| 2006 | 33.5 | 2.2 | 7.9 | 8.4 | 7.4 | 13.5 | 6.7 | 12.1 | 11.6 | 4.5 |
| 2007 | 29.6 | 3.6 | 8.4 | 8.8 | 7.8 | 12.4 | 7.8 | 10.4 | 11.9 | 4.1 |
| 2008 | 28.1 | 4.6 | 9.7 | 8.5 | 8.1 | 12.3 | 6.4 | 6.7 | 12.4 | 4.7 |
| 2009 | 35.4 | 4.1 | 9.8 | 8.2 | 8.9 | 13.5 | 6.3 | 11.9 | 12.5 | 5.2 |
| 2010 | 27.3 | 4.4 | 10.6 | 9.7 | 9.6 | 14.9 | 7.2 | 13.1 | 14.6 | 5.6 |

从表7－14可以看出，酒的制造的销售利税率位于十大主导产业部门之首，而针织品编织品及其制品制造、毛纺织和染整精加工、皮革鞣制加工、石墨及其他非金属矿物制品制造的销售利税率较低，尤其是针织品编织品及其制品制造，最低达到2.1%。2001～2010年主导产业各部门的销售利税率均有波动，波动较

大、较频繁的是电子元件制造，这表明该产业的不成熟与不稳定，相比而言水泥石灰和石膏的制造、砖瓦石材及其他建筑材料制造波动较小，这也说明这两个产业部门已经具备一定的产业基础，发展较为稳定。

（5）各主导产业部门的固定资产产值率。固定资产产值率也称固定资产利用率，用来反映企业固定资产的利用效率，是指产业或企业在报告期内产值总额与固定资产平均总值的比值，其计算方法为：

$$\text{产业的固定资产产值率} = \frac{\text{报告期工业总产值}}{\text{报告期固定资产平均总值}} \times 100\% \quad (7-5)$$

同理，根据《乌兰察布市统计年鉴》（2002～2011年）的相关数据以及产业的固定资产产值率的计算方法，经过分析测算，得出2001～2010年乌兰察布市主导产业各部门的固定资产产值率，如表7－15所示。

**表7－15　2001～2010年乌兰察布市主导产业各部门的固定资产产值率**

单位:%

| 产业/年份 | 酒的制造 | 针织品编织品及其制品制造 | 皮革鞣制加工 | 基础化学原料制造 | 铁合金冶炼 | 水泥石灰和石膏的制造 | 石墨及其他非金属矿物制品制造 | 电子元件制造 | 砖瓦石材及其他建筑材料制造 | 毛纺织和染整精加工 |
|---|---|---|---|---|---|---|---|---|---|---|
| 2001 | 921.6 | 418.6 | 823.7 | 222.6 | 219.5 | 251.7 | 219.3 | 109.8 | 523.9 | 616.9 |
| 2002 | 1023.4 | 423.1 | 829.6 | 217.3 | 232.4 | 236.1 | 213.5 | 105.7 | 525.7 | 620.3 |
| 2003 | 1127.8 | 514.9 | 831.4 | 219.6 | 268.7 | 226.8 | 262.6 | 121.6 | 550.4 | 622.8 |
| 2004 | 1212.6 | 519.5 | 920.2 | 221.6 | 296.6 | 210.1 | 296.8 | 116.7 | 565.7 | 613.7 |
| 2005 | 1226.8 | 526.3 | 927.1 | 223.5 | 329.6 | 231.6 | 308.3 | 167.3 | 523.1 | 516.4 |
| 2006 | 1283.5 | 523.2 | 926.9 | 218.4 | 330.4 | 213.5 | 316.7 | 183.1 | 591.6 | 639.5 |
| 2007 | 1320.6 | 578.6 | 1022.4 | 236.8 | 322.8 | 227.4 | 319.8 | 192.4 | 613.3 | 523.1 |
| 2008 | 1428.1 | 511.6 | 1109.7 | 247.5 | 344.1 | 232.3 | 322.4 | 220.7 | 628.4 | 621.7 |
| 2009 | 1525.4 | 522.8 | 1242.8 | 258.2 | 331.9 | 221.5 | 326.3 | 246.9 | 632.5 | 634.2 |
| 2010 | 1610.3 | 529.9 | 1324.6 | 281.7 | 382.6 | 284.9 | 320.2 | 208.1 | 624.6 | 616.6 |

从表7－15可以看出，酒的制造和皮革鞣制加工两个产业部门的固定资产产值率较高，2007年以后两个产业的固定资产产值率均超过1000%，说明这两个产业的固定资产利用效率相对较高；针织品编织品及其制品制造、砖瓦石材及其他建筑材料制造及毛纺织和染整精加工3个产业部门的固定资产产值率基本维持在400%～650%，与其他地区同产业部门相比固定资产的利用效率相对较高；基

础化学原料制造、铁合金冶炼、水泥石灰和石膏的制造、石墨及其他非金属矿物制品制造的固定资产产值率为200% ~350%，最低的是电子元件制造，其固定资产产值率为100% ~250%，这与电子元件制造产业需要较大的固定资产投资有关，而酒的制造和皮革鞣制加工等产业则不需要持续长期大额的固定资产投资。

（6）各主导产业部门的全员劳动生产率。全员劳动生产率指标不仅能够反映产业的经济社会效益，还能反映产业的生产力水平、经营管理水平、劳动者素质等方面的状况，也是衡量一国产业经济社会效益的重要指标，通常用人均产出绩效来表示，计算公式为：

$$产业的全员劳动生产率=\frac{报告期工业总产值}{报告期产业全部职工人数} \tag{7-6}$$

制造业一直是我国吸纳劳动力的中坚力量，当第三产业发展规模较小时，制造业更是充当劳动力池的功能。根据产业的全员劳动生产率计算公式，经过分析测算，得出 2001 ~2010 年乌兰察布市主导产业各部门的全员劳动生产率，如表 7 –16 所示。

**表 7 –16　2001 ~2010 年乌兰察布市主导产业各部门的全员劳动生产率**

单位：万元/人

| 产业 / 年份 | 酒的制造 | 针织品编织品及其制品制造 | 皮革鞣制加工 | 基础化学原料制造 | 铁合金冶炼 | 水泥石灰和石膏的制造 | 石墨及其他非金属矿物制品制造 | 电子元件制造 | 砖瓦石材及其他建筑材料制造 | 毛纺织和染整精加工 |
|---|---|---|---|---|---|---|---|---|---|---|
| 2001 | 0.676 | 0.578 | 0.867 | 0.896 | 0.793 | 0.657 | 0.689 | 1.118 | 0.574 | 0.589 |
| 2002 | 0.745 | 0.614 | 0.966 | 1.057 | 0.887 | 0.703 | 0.783 | 2.023 | 0.662 | 0.671 |
| 2003 | 0.808 | 0.663 | 1.163 | 1.724 | 0.961 | 0.772 | 0.829 | 2.354 | 0.719 | 0.768 |
| 2004 | 0.916 | 0.697 | 1.212 | 2.236 | 1.024 | 0.798 | 0.913 | 2.262 | 0.783 | 0.841 |
| 2005 | 1.245 | 0.714 | 2.309 | 2.213 | 1.106 | 0.851 | 0.997 | 2.732 | 0.857 | 0.927 |
| 2006 | 1.125 | 0.738 | 1.387 | 2.348 | 1.112 | 0.935 | 1.171 | 3.341 | 0.965 | 1.021 |
| 2007 | 1.167 | 0.726 | 1.441 | 2.331 | 1.095 | 1.103 | 1.283 | 3.468 | 1.112 | 1.175 |
| 2008 | 1.522 | 0.893 | 2.354 | 2.297 | 1.264 | 1.212 | 1.921 | 3.729 | 1.467 | 1.974 |
| 2009 | 1.961 | 0.975 | 1.672 | 2.426 | 1.632 | 1.398 | 2.023 | 4.637 | 1.566 | 1.854 |
| 2010 | 1.733 | 0.934 | 1.769 | 2.583 | 1.584 | 1.464 | 2.654 | 4.339 | 1.637 | 1.782 |

从表 7 –16 可以看出，乌兰察布市主导产业各部门的全员劳动生产率普遍偏低，这与乌兰察布市劳动者人力资本结构不合理、人力资本存量水平较低有关，

其中电子元件制造表现出高技术制造业的全员劳动生产率水平特征，这与该产业是智力资本密集型产业有关；其他产业酒的制造、石墨及其他非金属矿物制品制造、砖瓦石材及其他建筑材料制造等几个产业全员劳动生产率指标较低，这可能与这些产业的劳动密集型特性有关，还与劳动者技术熟练程度、受教育程度高低、人力资本存量水平有关。事实上，可以看出所选的主导产业10个部门中劳动密集型产业的全员劳动生产率较低，智力密集型、资本密集型以及智力资本密集型产业的全员劳动生产率均高于劳动密集型产业。

### 7.3.3 主导产业发展对产业结构优化升级作用

（1）主导产业发展与产业结构变动关系的时间序列分析。根据2002～2011年《乌兰察布市统计年鉴》相关数据，对2001～2010年共10年的样本数据采用2001年不变价进行处理，以剔除通货膨胀的影响。然后选取3次产业增加值占GDP的比重作为产业结构变动的代表变量，同时选取主导产业增加值作为主导产业发展的代表变量，用主导产业增加值作为解释变量，3次产业增加值占GDP比重为因变量。

将上述处理后的数据，用式（6－9）、式（6－10）进行最小二乘法估计。经计量经济软件EViews5.0计算后的结果可以看出，回归方程通过了拟合优度检验和显著性检验，其估计结果具体如下：

$$Ln\hat{Y}_{1t} = 3.6241 - 0.0827 \times LnX_t \quad (7-7)$$

(136.2487) (−45.2193)

$$Ln\,\hat{Y}_{3t} = 6.1583 + 0.0954 \times LnX_t \quad (7-8)$$

(179.1436) (9.9745)

$$\hat{Y}_{2t} = 106.7415 + 8.00E - 0.5X_t^2 + 0.3814X_t \quad (7-9)$$

(244.5892) (4.7183) (11.1634)

其中式（7－7）、式（7－8）、式（7－9）中的R值均达到0.96以上，并且3个方程的F值、T值均通过了显著性检验，方程不存在自相关、共线性等问题。在观察期内，主导产业发展与第一产业比重呈负相关关系，主导产业增加值增长1%，第一产业占GDP比重将下降0.0827%；主导产业发展与第三产业呈正相关关系，相比对第一产业的影响而言，对第三产业的影响更为显著，主导产业增加值增长1%，第三产业比重上升0.0954%；式（7－9）可以看出，主导产业增加值对第二产业的影响更为直接，这种影响也更大。出现这种结果，说明乌兰察布市产业结构不完善，3次产业结构不合理的问题较为突出，尤其是工业基础还有待进一步巩固和加强。从整个估计结果看，主导产业发展有助于3次产业结构的调整优化，但对第一、第三产业比重变动的影响作用较小。

（2）主导产业发展对工业内部结构升级的贡献。随着经济的快速发展与产业融合的深化，制造业的划分标准正在发生分化，制造业中既有将其划分为传统制造业和高技术制造产业，也有按照产业类型将其划分为劳动密集型、资本密集型、技术密集型、资本技术密集型、劳动技术密集型制造业。

乌兰察布市所选取的主导产业涵盖劳动密集型、资本密集型、技术密集型3类产业，其中劳动密集型产业主要包括皮革鞣制加工、酒的制造、毛纺织和染整精加工、针织品编织品及其制品制造、砖瓦石材及其他建筑材料制造；资本密集型产业包括水泥石灰和石膏的制造、铁合金冶炼、石墨及其他非金属矿物制品制造、基础化学原料制造；技术密集型产业为电子元件制造。从前面的分析可以看出，电子元件制造虽然产业增加值率较高但其产值规模较小，对经济社会的影响比较靠后，据此将不考虑技术密集型产业对工业内部结构升级的贡献。主导产业各部门以劳动密集型和资本密集型为主，相对而言，劳动密集型产业对乌兰察布市经济社会影响更大，因而，本书将着重分析主导产业发展对工业劳动结构升级的贡献、工业资本结构升级的贡献、工业能源消耗结构升级的贡献。

本书选取主导产业增加值作为主导产业发展的代表变量，选取工业全员劳动生产率作为工业劳动结构升级的代表变量，选取工业成本费用利润率作为工业资本结构升级的代表变量，选取单位工业增加值固体废弃物产生量作为工业环境结构升级的代表变量。数据主要来源于乌兰察布市2002～2011年统计年鉴，各指标的计算如前所述，不再一一说明计算处理方法。

第一，主导产业发展对工业劳动结构升级的贡献。以主导产业增加值作为解释变量（$X_t$），以工业全员劳动生产率作为被解释变量（$Y_t$），采用模型（6－11）进行回归分析。

估计结果显示方程拟合优度较高，系数通过显著性检验，结果还表明，乌兰察布市主导产业发展与工业全员劳动生产率呈显著的正相关关系，也即主导产业的发展促进了工业劳动结构升级，当主导产业增加值上升1%，工业全员劳动生产率将同比上升0.98%。2001年以来，乌兰察布市工业全员劳动生产率平均增长率为22%，其中主导产业发展对工业全员劳动生产率的贡献超过80%，这表明乌兰察布市主导产业的发展对促进工业劳动结构升级具有重要作用。

第二，主导产业发展对工业资本结构升级的贡献。以主导产业增加值作为解释变量（$X_t$），以工业成本费用利润率作为被解释变量（$Y_t$），仍采用模型（6－11）进行回归分析。处理结果显示，方程拟合度较高、各系数均通过检验。估计结果表明，在考察期内，乌兰察布市主导产业发展与工业成本费用利润率呈正相关关系，也即主导产业的发展有助于工业资本结构升级，并且主导产业工业增加值增长1%，工业成本费用利润率同比上升0.26%，其促进意义较为显著。

第三，主导产业发展对工业环境结构升级的贡献。以主导产业增加值作为解释变量（$X_t$），以单位工业增加值固体废弃物产生量作为被解释变量（$Y_t$），仍采用模型（6－11）进行回归分析。计量结果表明，乌兰察布市主导产业发展与单位工业增加值固体废弃物产生量呈正相关关系，这表明，主导产业发展对工业环境结构升级有阻碍作用。主导产业增加值增长1%，单位工业增加值固体废弃物产生量同比上升0.19%，这也意味着乌兰察布市主导产业的发展存在能耗较高、高污染、高排放等粗放式增长的问题，这与所选的主导产业中包括砖瓦石材及其他建筑材料制造、水泥石灰和石膏的制造、铁合金冶炼、石墨及其他非金属矿物制品制造、基础化学原料制造有密切的关系，这些产业能耗高，对环境的破坏作用也大。因而，很有必要对这些产业实施环境规制。

## 7.4 本章小结

近年来，呼和浩特、包头、鄂尔多斯3市的经济发展水平，已与沿海发达地区比肩，成为内蒙古自治区最具活力的城市经济圈，被誉为内蒙古自治区的“金三角”地区，“呼包鄂经济圈”正成为内蒙古自治区经济快速增长的“火车头”和“助推器”，对带动当地经济发展起了巨大作用。环渤海经济圈是继长江三角洲、珠江三角洲经济圈大展活力之后，正加速崛起成为中国经济板块中乃至东北亚地区极具影响力的经济隆起地带，环渤海地区如今已成为中国北方经济发展的“引擎”，被经济学家誉为继珠江三角洲、长江三角洲之后的中国经济第三个“增长极”。乌兰察布市处于呼包银经济带和环渤海经济圈的结合部，处于内蒙古自治区内部呼包鄂经济圈和锡赤通经济圈的中间地带，是典型的被边缘化的边缘地区，其经济边缘化特征在全国范围内极具代表性。选取处在这样地理环境条件下的边缘地区进行研究，符合本书对研究对象的要求，对之进行深度分析与论证，将有利于在对全国其他类似边缘地区进行相关研究时提供借鉴与比较意义。

2001年以来，乌兰察布市产业结构得到极大的改善，这得益于经济增长的反推进，更得益于主导产业的快速成长。通过对乌兰察布市主导产业发展与经济增长相关关系的实证分析，本书发现所选主导产业对经济增长、社会发展和产业结构调整优化均有显著的带动促进作用，这进一步验证了对乌兰察布市主导产业的评价筛选的科学性和合理性，其政策含义也是显而易见的，即乌兰察布市对主导产业培育的必要性。在对边缘地区主导产业培育的实证中，乌兰察布市注重相关产业的协调发展，重视对中小企业的发展支持，培育专业化市场，强化龙头企业在产业中的带动作用，构建良好的产业发展环境，积极鼓励企业参与产业竞争与融合，有力地推动了主导产业成长，带动乌兰察布市经济社会健康、持续、快速发展，促进了产业结构的优化升级。

在实证分析过程中，乌兰察布市主导产业各产业部门对经济社会发展、产业结构调整优化作用并不稳定，存在较大的波动性，这表明主导产业各部门发展不完善、不成熟，在经济一体化大背景下，也再次说明乌兰察布市主导产业培育的紧迫性。

# 第 8 章

# 总结与展望

## 8.1 全书总结

### 8.1.1 主要内容

边缘地区主导产业成长机制是基于区域协调平衡发展、新型地区经济关系以及后发地区实现跨越式发展背景而诞生的课题。边缘地区主导产业作为区域经济研究的重要组成部分，有其自身的发展特点，对其研究具有较明显的理论意义与现实意义。本书综合运用区域经济学、区位学、产业经济学等学科相关理论和方法，从多视角探讨了边缘地区主导产业的形成机制、成长模式，构建了基于边缘地区经济发展实际的主导产业选择评价分析框架，揭示了边缘地区主导产业的培育成长机制，为加快边缘地区主导产业快速成长提供了思路性建议。全书的主要研究内容与观点总结如下：

（1）边缘地区最主要的经济特点是经济边缘化。主要表现为边缘地区经济基础薄弱、空间演化过程缓慢、区域经济技术基础薄弱、城镇体系发育不良，城市竞争力较弱；GDP 等主要社会经济指标发展缓慢，在行政区域内和全国比重持续下降，经济发展水平与主流地区的差距拉大；居民生活与地方社会经济运转方式、地方社会心理明显滞后于同期发达地区。边缘化产生的原因主要有不利的区位条件和较高的交易成本，落后的历史基础和路径依赖机制，市场机制的作用以及非均衡发展战略的影响。

边缘地区主导产业是在地理位置偏远于中心城市以及经济地带，经济发展相对封闭、独立的行政区划内，在本地区产业系统中增长率较快、产业关联性较强、发展前景较好、对地区经济发展贡献较大的产业或产业群。边缘地区主导产业形成的约束条件主要有资源禀赋与生态环境、区域市场需求能力、区域产业分工合作、经济一体化下区域产业发展政策，形成的主要动因有产业技术创新、产业结构升级和区域经济发展演进3个方面。边缘地区主导产业形成的路径主要有以中小企业为主要组成的产业集群组织模式、基于区域轮动产业轮动背景下的边缘地区主导产业形成路径、基于科技创新的边缘地区主导产业形成路径，是典型的市场拉动与政府推动混合模式。

（2）边缘地区主导产业成长主要有自组织型模式、引导型模式、集成型模式，各模式都有自己不同的成长特点。自组织型模式指边缘地区主导产业随着市场演化而渐进发展和成长，是没有任何外来干预下的市场自发推动过程，具有成长速度慢、制约因素多、多主导产业并存的特点；引导型成长模式指边缘地区政府利用产业政策和制度创新对主导产业进行直接或间接的政策扶持引导其快速成长，具有政府全程参与、成长速度快、成长目标明确的特点；集成型模式是政府利用产业政策改变企业的竞争环境，利用制度创新优化产业发展环境，通过市场机制引导主导产业快速成长，其特点为产业成长过程中资源配置的效率要求较高、产业本身的成长与其他产业间能达到较好的均衡和协调、强调产业整合能力。以上3种模式是从理论上抽象出来的，现实中需对3种模式混合运用。只有结合市场，运用各种有利的方式促进资源优化配置，产业才能得到更快更好的发展。

边缘地区一般处于工业化初期或工业化中期的初始阶段，社会资源较为匮乏，边缘地区主导产业的成长受到诸多因素制约，比较适合边缘地区的是“自组织型+引导型”成长模式，主导产业选择与培育是促进主导产业成长的有效手段。

（3）边缘地区的主导产业选择首先要明确区域间政府合作与竞争的决策偏好，这是避免重复投资、重复建设、地区产业同构的前提，也是边缘地区发挥特色产业优势、实施错位发展经济政策的前提。边缘地区的主导产业选择需充分考虑地区间合作与竞争、重视主导产业选择微观基础，遵循选择主体层次性、资源环境约束与整体性调配、突出主导产业本质特征原则，根据经济发展阶段来选择主导产业评价指标，要确保主导产业发展演进与地区经济发展阶段、产业结构调整优化具有内在一致性。边缘地区选择主导产业的基准可以设立产业增长潜力基准、产业关联效应基准和社会经济效益基准。由于边缘地区主导产业的选择要受到诸多因素的制约，其中大部分影响因素很难直接取得定量分析所需数据，因而，边缘地区主导产业选择评价指标体系适宜采用德尔菲法和层次分析法来确定定量指标。

边缘地区主导产业选择是一项系统工程，需要政府、产业界、第三方的倾力参与共同作用，要采用定性与定量分析相结合，多方法、分阶段、有步骤、有条不紊地进行。在选择基准、指标体系构建以及定量方法选择上要从实际出发，灵活处理。

（4）边缘地区培育主导产业的模式，应该根据经济发展的不同阶段、产业发展的特点审慎选择。边缘地区在培育主导产业过程中要坚持以下几个原则：合理确立主导产业培育的优先序、注重相关产业的协调发展、重视对中小企业的发展支持、理性对待产业梯度转移。边缘地区经济发展阶段处于低级阶段、产业结构不完善时，应该选择政府主导型模式；边缘地区经济发展处于中级阶段、具备一定的产业基础与发展能力时，应该选择政府与市场混合型模式；当边缘地区经济发展与区域经济融为一体、产业结构较为完善时，应该选择市场主导型模式。边缘地区培育主导产业的主要途径应从培育专业化市场、强化产业技术创新能力，加快传统产业改造、强化龙头企业在产业中的带动作用 3 个方面着力。

### 8.1.2 创新点

本书主要的创新点如下：

（1）厘清了边缘地区主导产业形成路径，为边缘地区如何促进主导产业形成指明了方向。边缘地区主导产业形成的路径主要有基于产品市场优势的中小企业发展、基于区域轮动产业轮动背景下的产业承接和基于科技创新能力的科技型企业快速发展 3 种路径，边缘地区可以根据地区的资源禀赋、区域分工协作情况、区域产业政策、产业结构升级要求进行制度体系建设，促进不同路径的主导产业形成。

（2）提出了边缘地区主导产业成长自组织型模式、引导型模式、集成型模式，揭示了主导产业选择和培育在产业成长过程中的重要意义。边缘地区一般处于工业化初期或刚进入工业化中期的初始阶段，边缘地区主导产业的成长受到历史文化因素，自然资源禀赋，经济地理区位，资金、人才、政策制度等制约，比较适合边缘地区的是“自组织型 + 引导型”的成长模式，主导产业选择与培育是促进主导产业成长的有效手段。

（3）构建了边缘地区主导产业选择评价指标体系，为边缘地区选择主导产业提供了方法上的参考。结合边缘地区经济边缘化特性、主导产业形成的特殊性、区域竞争与合作的特点，边缘地区主导产业选择不仅要确保所选产业的发展符合经济发展战略目标，而且要确保主导产业发展演进与地区产业结构调整优化、经济发展阶段具有内在一致性。据此构建了由产业增长潜力基准、产业关联效应基准和社会经济效益基准组成的基准层以及由需求收入弹性、产业增长率、影响力系数、感应度系数、资金利税率、综合经济效率、能源消耗产出率、比较劳动产出率、产出就业吸纳率 9 个评价指标构成指标层的边缘地区主导产业选择评价指标体系，阐明了边缘地区主导产业的选择方法，用于指导边缘地区政府、主导产业企业代表、第三方的权衡比较，最终确立边缘地区主导产业。

（4）提出了边缘地区主导产业培育模式和培育效果评价方法，为边缘地区有效培育主导产业并适时调整主导产业部门的构成提供了方法上的参考。边缘地区培育主导产业的模式，应该根据经济发展的不同阶段、产业发展的特点审慎选择。培育过程中要综合评价所选主导产业与经济增长的关联性、对产业结构优化升级的作用、对经济发展的贡献，以确定主导产业选择方案合理、培育有效与否，并根据评价结果适当调整主导产业部门和培育措施。

## 8.2 研究展望

围绕“边缘地区主导产业成长机制”这个选题，还有一些重要的理论和实践问题值得深入研究和探讨。需要进一步研究的内容主要有以下几方面：

第一，边缘地区产业政策中政府的角色定位与政策资源获取。市场机制在边缘地区主导产业的不同发展阶段是如何发挥作用的，边缘地区政府如何在主导产业培育发展过程中扮演好“掌舵人”的角色仍有待进一步探讨；中央政策制度资源具有准公共产品特性，边缘地区政府如何有效获取这一外部资源为本地区主导产业的发展所用是一个值得深入研究的命题。

第二，边缘地区主导产业选择、培育理论与实践分析框架有待进一步完善。我国区域经济发展不平衡、不协调、不可持续矛盾仍比较突出，边缘地区主导产业的发展对于缩小区域经济发展差距、促进区域协调和可持续发展具有重要意义。然而，我国东、中、西部边缘地区以及民族聚居区、革命老区等多重分割特点，使得边缘地区经济发展极具特殊性和个案性。本书主要探讨了处于初级经济发展阶段或由工业化初期向工业化中期转型时的边缘地区主导产业成长机制，对处于工业化中期或工业化后期，甚至处于后工业化时期的边缘地区，如处于“长三角”、“珠三角”、“北上广”、“东南沿海”这些发达地区内部的边缘地区，其主导产业成长作用机制是一个值得深入研究的课题。如何寻求一个较为通用的边

缘地区主导产业选择、培育理论与实践分析框架来促进边缘地区经济发展仍需努力。

第三，边缘地区主导产业培育对政策供给要求异常复杂，这些政策之间以及这些政策与其他产业政策所产生的叠加效应如何发生、作用结果是什么？仍需在学界理论与实证中不断深入研究。

# 参考文献


［1］陈斌开，林毅夫．金融抑制、产业结构与收入分配［J］．世界经济，2012（1）：3－23.

［2］成定平．扩大消费和出口的产业结构调整方向——基于动态投入产出模型的分析［J］．经济学家，2011（5）：36－41.

［3］程广斌，龚新蜀．西部地区产业组织优化与经济集约增长研究［J］．商业研究，2009（4）：12－16.

［4］陈建军，胡晨光．浙江制造业发展的重点与思路——基于主导产业倒U形演进假说的分析［J］．统计研究，2008（6）：40－47.

［5］陈丽珍，赵美玲，肖明珍．基于层次分析法的江苏现代服务业主导产业选择［J］．商业研究，2011（6）：44－49.

［6］崔大树．主导产业提升县域城市化水平的作用机制分析——以浙江义乌市为例［J］．经济地理，2010（2）：48－55.

［7］董藩．西部地区工业化的路径选择［J］．广西社会科学，2004（12）：10－13.

［8］干春晖，郑若谷，余典范．中国产业结构变迁对经济增长和波动的影响［J］．经济研究，2011（5）：4－16.

［9］高波，陈健，邹琳华．区域房价差异、劳动力流动与产业升级［J］．经济研究，2012（1）：66－79.

［10］高纯德．2000年地区经济布局及地区产业结构调整［J］．计划经济研究，2001（1）：53－54.

［11］谷德斌，傅毓维．基于资源配置有效性的主导产业选择方法与实证研究［J］．科技管理研究，2010（1）：107－110.

［12］郭克莎．工业化新时期新兴主导产业的选择［J］．中国工业经济，2003（2）：5－14.

［13］郭晓丹，宋维佳．战略性新兴产业的进入时机选择，领军还是跟进

[J]. 中国工业经济，2011 (5)：119 - 128.

[14] 郭晔，赖章福. 政策调控下的区域产业结构调整 [J]. 中国工业经济，2011 (4)：74 - 83.

[15] 韩顺法，李向民. 基于产业融合的产业类型演变及划分研究 [J]. 中国工业经济，2009 (12)：66 - 75.

[16] 侯晓丽. 欠发达地区农村公共产品投入机制创新探析 [J]. 理论导刊，2007 (10)：84 - 86.

[17] 黄伯勇. 县域经济中不同主导产业模式的金融支持 [J]. 经济体制改革，2006 (4)：148 - 151.

[18] 黄方今. 绿色经济视阈下战略性新兴产业培育路径之优化 [J]. 经济师，2012 (2)：11 - 12.

[19] 贾宝军. 边缘区域主导产业选择与培育研究 [D]. 武汉：武汉理工大学经济学院博士学位论文，2007.

[20] 江世银. 四川实现产业结构优化升级的对策研究——基于承接产业转移的背景 [J]. 理论与改革，2009 (5)：151 - 154.

[21] 贾宇桥，高琳. 区域经济发展规划中的主导产业选择研究——以大连市为例 [J]. 现代经济信息，2012 (8)：231 - 235.

[22] 金碚. 资源与环境约束下的中国工业发展 [J]. 中国工业经济，2005 (4)：5 - 14.

[23] 金碚，吕铁，李晓华. 关于产业结构调整几个问题的探讨 [J]. 经济学动态，2010 (8)：14 - 20.

[24] 金碚，吕铁，邓洲. 中国工业的转型升级：进展、问题与趋势 [J]. 中国工业经济，2011 (7)：5 - 15.

[25] 金素. 基于钱纳里模型的中国经济结构研究 [J]. 经济问题，2011 (9)：4 - 9.

[26] 吉新峰，安树伟. "十二五"时期我国区域政策调整方向研究 [J]. 西北大学学报（哲学社会科学版），2011 (3)：17 - 21.

[27] 康建英. 区域主导产业选择理论研究综述 [J]. 中国科技投资，2012 (18)：10 - 11.

[28] 梁留，吕可文，苗长虹，黄飞飞. 边缘化地区特征、形成机制及对策研究——以河南省黄淮四市为例 [J]. 地理与地理信息科学，2008 (5)：61 - 65.

[29] 连珂，张永林，王辉. 区域知识型主导产业的判别及科技政策的选择 [J]. 经济纵横，2008 (1)：118 - 120.

［30］李北伟，肖静，董微微．吉林省主导产业选择及发展思路［J］．经济纵横，2012（3）：69－72.

［31］黎春秋，熊勇清．传统产业优化升级模式研究：基于战略性新兴产业培育外部效应的分析［J］．中国科技论坛，2011（5）：32－37.

［32］李俊林，蒋立杰，付朝霞．基于DEA模型的区域主导产业选择方法研究［J］．河北工业大学学报，2011（3）：52－55.

［33］李娜，王飞．中国主导产业演变及其原因研究：基于DPG方法［J］．数量经济技术经济研究，2012（1）：19－33.

［34］李姝，姜春海．战略性新兴产业主导的产业结构调整对能源消费影响分析［J］．宏观经济研究，2011（1）：36－40.

［35］刘爱文，郑登攀，赵璟．基于BP逻辑模糊神经网络的资源型城市主导产业选择研究——以陕西省榆林市为例［J］．科技管理研究，2010（6）：153－156.

［36］刘洪久，胡彦蓉．产业优化升级与经济增长关系的理论探讨［J］．知识经济，2009（18）：3－4.

［37］刘洪君，朱顺林．共生理论视角下产业集聚发展的机制与模式［J］．华东经济管理，2010（9）：21－24.

［38］刘伟，张辉．中国经济增长中的产业结构变迁和技术进步［J］．经济研究，2008（6）：4－15.

［39］刘颖琦，李学伟，李雪梅．基于钻石理论的主导产业选择模型的研究［J］．中国软科学，2006（1）：145－152.

［40］刘勇．区域空间结构演化的动力机制及影响路径探讨［J］．河南师范大学学报（哲学社会科学版），2009（6）：60－64.

［41］刘运，余东华．科学发展观下的区域主导产业选择：原则、基准与约束条件［J］．山东社会科学，2009（1）：93－96.

［42］刘重力，邵敏．经济技术开发区在中西部地区产业结构升级中的作用——基于马氏距离配对的倍差法分析［J］．当代经济科学，2010（6）：66－73.

［43］李雁玲．产业结构与就业结构变动研究［J］．暨南大学学报（哲学社会科学版），2010（5）：88－95.

［44］罗芳，姚华芸．区域主导产业选择的实证分析——以上海市第二产业为例［J］．技术与创新管理，2012（3）：278－292.

［45］罗贞礼．边缘区域经济协同发展理论与实践体系研究［J］．贵州社会科学，2011（1）：74－77.

[46] 彭向，蒋传海．产业集聚、知识溢出与地区创新——基于中国工业行业的实证检验［J］．经济学（季刊），2011（3）：913－934.

[47] 钱学锋，熊平．李嘉图比较优势、特惠贸易安排与产业集聚［J］．经济学（季刊），2009（3）：769－786.

[48] 瞿宛文．多层次架构的中国产业政策模式——对白让让教授评论之回应［J］．经济学（季刊），2010（2）：761－770.

[49] 邵金菊，刘冬林，张少杰．宁波主导产业发展对归国留学人才的需求调查与分析［J］．上海经济研究，2008（8）：81－85.

[50] 盛朝迅．大型零售商主导产业链的经济绩效——一个基于零售商与制造商交互影响的实证考察［J］．商业经济与管理，2011（12）：12－20.

[51] 盛丹，王永进．市场化、技术复杂度与中国省区的产业增长［J］．世界经济，2011（6）：26－47.

[52] 宋彪．我国省际经济合作决策制度研究［J］．财经问题研究，2009（4）：107－113.

[53] 孙永波，王道平．产业融合及如何促进我国产业融合的发展［J］．北京工商大学学报（社会科学版），2009（1）：105－110.

[54] 唐拥军，刘文芳．区域经济发展阶段判别和主导产业选择［J］．市场周刊（理论研究），2008（10）：43－45.

[55] 王丹枫．产业升级、资本深化下的异质性要素分配［J］．中国工业经济，2011（8）：68－78.

[56] 王立国，高飞．欠发达地区县域经济发展主导产业选择分析［J］．学术交流，2009（7）：126－129.

[57] 王玲，Adam Szirma. 高技术产业技术投入和生产率增长之间关系的研究［J］．经济学（季刊），2008（3）：913－930.

[58] 王秋红，唐燕玲，裴广群．基于偏离份额法的主导产业选择［J］．商业时代，2012（5）：111－112.

[59] 王岳平．“十二五”时期我国产业结构调整战略与政策研究［J］．宏观经济研究，2009（11）：3－10.

[60] 韦成，孙文建．产业集聚发展中政府行为模式比较分析［J］．商业时代，2011（12）：103－104.

[61] 吴国玺，李长坡，郑敬刚．创新型产业集聚区形成的机理及发展模式研究［J］．资源开发与市场，2010（12）：1105－1107.

[62] 武健鹏．产业融合：资源型地区产业转型路径［J］．理论探索，2012（2）：103－105.

[63] 吴义杰．产业融合理论与产业结构升级［J］．江苏社会科学，2010 (1)：248－251.

[64] 向吉英．产业成长的动力机制与产业成长模式［J］．学术论坛，2005 (7)：49－53.

[65] 肖金成．省域中心与边缘地区的经济发展差距——一个长期被忽视的现象［J］．重庆工商大学学报，2004 (3)：22－26.

[66] 谢群．我国高新技术产业开发区资源配置及产业成长模式研究［J］．工业技术经济，2009 (10)：84－86.

[67] 徐从才，盛朝迅．大型零售商主导产业链：中国产业转型升级新方向［J］．财贸经济，2012 (1)：71－77.

[68] 徐建中，王莉静，赵忠伟．基于灰色关联分析的区域主导产业选择研究［J］．科技进步与对策，2010 (9)：51－55.

[69] 徐朝阳，林毅夫．发展战略与经济增长［J］．中国社会科学，2010 (3)：94－108.

[70] 杨雪春，苏海威，王茂军．基于投入产出数据的区域工业主导产业选择——以四川省为例［J］．首都师范大学学报（自然科学版），2010 (3)：76－82.

[71] 闫星宇，张月友．我国现代服务业主导产业选择研究［J］．中国工业经济，2010 (6)：75－84.

[72] 姚旻，陈厚义．开放经济下欠发达的西部民族地区优势产业选择［J］．贵州民族研究，2008 (8)：124－129.

[73] 姚丽虹，赵阳．产业结构调整与经济增长关系协整分析——以广东省为例［J］．经济研究导刊，2009 (20)：16－19.

[74] 易醇，张爱民．“十二五”期间我国产业结构调整的对策研究［J］．经济纵横，2011 (4)：18－21.

[75] 余典范，干春晖，郑若谷．中国产业结构的关联特征分析［J］．中国工业经济，2011 (11)：5－15.

[76] 于华钦，邵宇开，肖飞．区域主导产业选择的人力资本匹配基准研究［J］．科学学与科学技术管理，2006 (3)：60－63.

[77] 于刃刚．低碳经济与河北省产业结构调整［J］．河北经贸大学学报，2011 (3)：74－79.

[78] 张广德，周子鑫，朱传耿．我国省际边缘型城市竞合研究综述［J］．改革与战略，2010 (6)：201－204.

[79] 张辉，任抒杨．从北京看我国地方产业结构高度化进程的主导产业驱

动机制［J］．经济科学，2010（6）：115－128.

［80］张经强．资本溢出、技术进步与中国区域经济增长——基于省级面板数据的实证分析［J］．科技管理研究，2010（16）：62－64.

［81］张平．论中国区域产业结构演进的特征［J］．武汉大学学报（哲学社会科学版），2005（3）：306－311.

［82］张倩男，赵玉林．区域高技术产业创新能力的比较分析［J］．经济问题探索，2007（12）：60－65.

［83］张文武，梁琦．劳动地理集中、产业空间与地区收入差距［J］．经济学（季刊），2011（2）：691－708.

［84］张湘赣．产业结构调整：中国经验与国际比较［J］．中国工业经济，2011（1）：38－46.

［85］张小青．欠发达地区主导产业生成机制探析［J］．贵州社会科学，2007（10）：125－128.

［86］赵慧英．试析主导产业与基础产业的关系［J］．经济与管理，2003（9）：13－14.

［87］赵伟．工业化——产业集聚与制度演化：浙江模式再思考［J］．社会科学战线，2011（1）：46－53.

［88］赵玉林，魏芳．基于熵指数和行业集中度的我国高技术产业集聚度研究［J］．科学学与科学技术管理，2008（11）：122－126.

［89］赵玉林，叶翠红．中国高技术产业成长阶段及其转换的实证研究［J］．科学学与科学技术管理，2011（5）：92－101.

［90］周建华．论杭州工业主导产业的选择和培育［J］．统计研究，2007（10）：74－77.

［91］周叔莲．中国产业结构的现状和调整对策［J］．中国人民大学学报，1991（4）：63－72.

［92］周晔，胡汉辉．地方主导产业的演化规律与产业集群生态特征初探［J］．中国软科学，2007（7）：147－151.

［93］周毅，李京文．区域经济发展理论演化及其启示［J］．经济学家，2012（3）：14－19.

［94］周玉江，余冬根，王聪．廊坊市工业主导产业选择实证研究［J］．企业经济，2009（4）：88－90.

［95］周振华．产业关联与经济增长［J］．财经科学，1991（4）：43－48.

［96］朱坚真，师银燕，贺赞．大力发展环北部湾海洋经济主导产业的思路与建议［J］．经济研究参考，2008（11）：6－11.

[97] Aas, Andreas Lumbe, Skramstad, Torbjorn. A Case Study of ISO 11064 in Control Centre Design in the Norwegian Petroleum Industry [J]. Applied Ergonomics, 2012, 42 (1): 62 -70.

[98] Abah, Adedayo Ladigbolu. Popular Culture and Social Change in Africa: the Case of the Nigerian Video Industry [J]. Media Culture & Society, 2009, 31 (5): 731 -735.

[99] Acemoglu, D., V. Guerrieri. Capital Deepening and Non - Balanced Endogenous Growth [J]. Journal of Political Economy, 2008, 116 (3).

[100] Ahn, Choong Yong. Dynamics of Industrial Policy and Manufacturing Competitiveness in Successful Industrialize: Countries in East Asia [J]. Industrial Development Policy Report, 1997 (1): 27 -28.

[101] Barro, R. J. Inequality and Growth in a Panel of Counties [J]. Journal of Economic Growth, 2000 (5): 5 -32.

[102] Brezls, E., Krugman, P., Tisddon, D.. Leapfrossing in International Competition: A Theory of Cycles in National Technological Leadership [J]. American Economic Review, 1993 (12).

[103] Chan, Li - Yu, Lin, Hui - Lin, Wang, Chia - Ling. Industry - region Position and Economic Performance of Travel and Tourism Service Industry: An Agglomeration Perspective [J]. Asia Pacific Journal of Tourism Research, 2012, 17 (5): 562 -576.

[104] Chenery, H. B. Structural Change and Development Policy [M]. Oxford: Oxford University Press, 1979.

[105] Ciccone, A., Papaioannou, E. Human Capital, the Structure of Production, and Growth [J]. Review of Economics and Statistics, 2009.

[106] Dixi, A., Stiglitz, T. E. Monopolistic Competition and Optimum Product Diversity [J]. American Economic Review, 1997 (3).

[107] Frideman J. R. Regional Development Policy: A Case Study of Venezuela [M]. Cambridge: Massachusetts Institute of Technology Press, 1966.

[108] Gersbach, H., Schmutzler, A.. External Spillovers, Internal Spillovers and the Geography of Production and Innovation [J]. Regional Science and Urban Economics, 1999 (6).

[109] Guenther, David A., Sansing, Richard C. Unintended Consequences of LIFO Repeal: The Case of the Oil Industry [J]. Accounting Review, 2012, 34 (20): 1539 -1544.

[110] Higgins, B., et al. Regional Economics and Policy [M]. Boston: Unwin Hyman. Press, 1988.

[111] Hirschman, A. O. Strategy of Economic Development [M]. New Haven: Yale University Press, 1958.

[112] Jianghuai Zheng, Lili Zhang, Yu Wang. The Under Development of Service Industry in China: An Empirical Study of Cities in Yangtze River Delta [J]. Frontiers of Economics in China, 2011, 6 (3): 413-446.

[113] King, R. J., Rebelo, S.. Transitional Dynamicsand Economic Growth in the Neoclassical Model [J]. American Economic Review, 1993 (9).

[114] Kola, I., Landis, J., Can the Pharmaceutical Industry Reduce Attrition Rates? [J]. Nature Reviews Drug Discovery, 2004, 3 (8): 711-715.

[115] Krugman P.. The Myth of Asia sMiracle: A Cautionary Fable [J]. Foreign Affairs, 1994 (73): 62-78.

[116] Krugman, Paul R., Masahisa, F., Anthony, J., V.. The Spatial Economy: Cities, Regions and International Trade [M]. Cambridge: MIT Press, 1999.

[117] Lee, Jaegul, Berente, Nicholas. Digital Innovation and the Division of Innovative Labor: Digital Controls in the Automotive Industry [J]. Organization Science, 2012, 23 (5): 1428-1447.

[118] Lewis, David Levering. Industry Clusters and Industry Cluster Analysis [J]. Regional Economic Development, 2006, 237-277.

[119] M. E. Porter. Clusters and the New Economics of Competition [J]. Harvard Business Review, 1998 (11).

[120] Melitz, M. J. The Impact of Trade on Intra - Industry Reallocations and Aggregate Industry Productivity [J]. Econometrica, 2003, 7 (6): 1695-1725.

[121] Nelson, R. R.. A Theory of Low Level Equilibrium Trap in Underdeveloped Countries [J]. American Economic Review, 1956 (12).

[122] Nobuo Akai, Yukihiro Nishimura, Masayo Sakata. Complementarity, Fiscal Decentralization and Economic Growth [J]. Economics of Governance, 2007.

[123] S. Rozelle. Rural Industrization and Increasing Inequality: Emerging Patterns in China's Reforming Economy [J]. Journal of Comparative Economics, 1994, 19 (3).

[124] Segerstrom, P., Anant, T. Dinopoulos, E.. A Schumperian Model of the Product Life Cycle [J]. American Economic Review, 1990 (12).

[125] Urlan, Wannop. Regional Planning and Governance in Britain in the 1990's [J]. Strathclyde Papers on Planning, 1994 (27).

[126] Walz, U. Transport Costs, Intermediate Goods, and Localized Growth [J]. Regional Science and Urban Economics, 1996 (6).

[127] Yhosh, S. Industry Effects of Monetary Policy: Evidence from India [D]. MPRA Paper, 2009.

# 后 记

本书的研究围绕边缘地区主导产业选择这一主题展开，通过对边缘地区主导产业理论研究进行系统梳理，对边缘地区主导产业相关范畴进行界定，深入研究区域经济格局演变规律，探讨边缘地区的形成、边缘化特征，明确边缘地区主导产业的形成动因、形成路径、作用机理、培育机制。同时对边缘地区主导产业的选择方法进行系统性研究，建立一个从定性分析到定量分析有机结合的完整分析框架，以期使边缘地区主导产业选择更有效、更实际，试图确立一个能适合地区经济发展、具有可操作性的边缘地区主导产业分析框架。本书对建立完整的边缘地区主导产业选择理论，明晰其成长作用机制，丰富和发展区域经济理论做出了有益尝试。对于市场机制在边缘地区主导产业的不同发展阶段是如何发挥作用的，边缘地区政府如何在主导产业培育发展过程中扮演好引领人、培育人和“掌舵人”等多重角色仍有待进一步探讨；中央政策制度资源具有准公共产品特性，边缘地区政府如何有效获取这一外部资源为本地区主导产业的发展所用是一个值得深入研究的命题，本书就此未进行深入探讨，仍需在学界理论与实证中不断深入研究。

本书是在笔者的博士论文《边缘地区主导产业成长机制研究》基础上修订形成的，感谢笔者的导师聂规划教授、武汉理工大学刘平峰副教授对本书修订提出了许多极为宝贵的建设性建议！感谢内蒙古财经大学研究生教育与学科规划建设处（研究生院）资助本书出版！感谢内蒙古财经大学研究生教育与学科规划建设处的工作人员对本书出版做出的辛勤工作！

宋继承